LEKTÜRESCHLÜSSEL
FÜR SCHÜLERINNEN UND SCHÜLER

William Shakespeare
Hamlet

Von Andrew Williams

Reclam

Dieser Lektüreschlüssel bezieht sich auf folgende Textausgabe in der Originalsprache: William Shakespeare: *Hamlet*. Hrsg. von Holger Klein. Stuttgart: Reclam, 1993 [u. ö.]. (Universal-Bibliothek. 9292.)

RECLAMS UNIVERSAL-BIBLIOTHEK Nr. 15419

Gesamtherstellung: Reclam, Ditzingen
Printed in Germany 2016

ISBN 978-3-15-015419-9

Auch als E-Book erhältlich

www.reclam.de

Inhalt

1. Erstinformation zum Werk

William Shakespeares *Hamlet* ist Weltliteratur. Die Hauptfigur, der junge dänische Prinz Hamlet, gehört zusammen mit Odysseus, Faust, Don Quichotte und einer Hand voll anderer Schlüsselgestalten zu den wichtigsten Figuren des abendländischen Literaturkanons und ist auch über europäische Grenzen hinweg bekannt.

Jede Epoche interpretiert *Hamlet* und entdeckt den Prinzen Hamlet neu: Man erkennt in ihm den nachdenklichen Menschen, den Zauderer, den Melancholiker, den Intellektuellen, den Schwärmer oder sogar den Revolutionär. Ein aktueller Beleg für solche Interpretations- und Identifikationsmöglichkeiten stammt von dem Schauspieler Ethan Hawke, der die Rolle des Prinzen in einer Hamlet-Verfilmung aus dem Jahr 2000 spielte: »Er hat Probleme mit seinen Eltern, eine Identitätskrise und eine schwierige Freundin. So geht es doch allen Jungs, oder?« So vereinfachend und unzureichend diese Umschreibung von Hamlets Situation auch ist, sie gehört in eine lange Tradition von Aktualisierungsversuchen und beweist, dass die Faszination dieser Figur nicht nachlässt.

Hamlet – immer aktuell

Hamlets Geschichte ist keine Erfindung Shakespeares. Der erste Beleg für den Rachezug eines jungen dänischen Prinzen stammt aus dem 12. Jahrhundert. Der Däne Saxo Grammaticus (um 1150–1206) berichtet in seinem Werk

abendländisch: **western, occidental**
Identitätskrise: **identity crisis**
Rachezug: **revenge campaign**

Historia Danica von den Abenteuern des Prinzen Amlethus, der als »Mann der Tat« handelt. Diese Geschichte wird im 16. Jahrhundert von François de Belleforest ins Französische übersetzt und ergänzt. In seiner Fassung ist von einer »weise erdachten und mutvoll ausgeführten« Rache die Rede.[1] In den 1590er Jahren wurde in London ein *Hamlet*-Drama erfolgreich aufgeführt, über dessen Urheber wir nur spekulieren können, und irgendwann zwischen 1598 und 1601 verfasst Shakespeare sein *Hamlet*-Drama. Er ergänzt die Vorlagen um Entscheidendes und schafft dabei eine der komplexesten und faszinierendsten Figuren, die je auf der Bühne aufgetreten ist.

Urheber: **author**
über etw. spekulieren: **to speculate about s.th.**

2. Inhalt

Shakespeares *Hamlet* besteht aus fünf Akten, die insgesamt zwanzig Szenen umfassen. Bis auf zwei Szenen (IV,4 und V,1) spielt das ganze Geschehen in der Burg zu Helsingör, Sitz des dänischen Königs. Die Handlung spielt zwar im frühen Mittelalter, aber die zentralen Themen des Stücks und auch die Darstellung des höfischen Lebens entsprechen durchweg dem Elisabethanischen Zeitalter (1558–1603).

Erster Akt

1. Auf den Befestigungen der Burg zu Helsingör herrscht zu mitternächtlicher Stunde nervöse Gespanntheit: In den beiden vergangenen Nächten ist, sehr zur Beunruhigung der Wachen Marcellus und Bernardo, ein Geist aufgetreten. Nun, um Mitternacht, gesellt sich Horatio, ein Freund Hamlets, zu ihnen, um die Erscheinung zu beobachten und, wenn möglich, mit ihr Kontakt aufzunehmen. Der Geist erscheint tatsächlich ein drittes Mal. Er trägt eine Ritterrüstung und ähnelt dem verstorbenen König, dem Vater Hamlets. Horatio spricht den Geist an, der sich jedoch zurückzieht und verschwindet. Man ist sich einig darüber, dass die rätselhafte Erscheinung ein großes Unheil für

Handlung: **plot**
höfisch: **courtly**
Befestigungen: **fortifications**
Erscheinung: **apparition**
Unheil: **misfortune, calamity**

Großes Unheil für Dänemark

Dänemark bedeutet. Der Geist tritt abermals auf, verschwindet aber, als der Hahn kräht. Höchst beunruhigt beschließt Horatio, die Ereignisse dem Prinzen Hamlet anzuvertrauen.

2. Am nächsten Tag hält Claudius, der neue dänische König und Bruder des verstorbenen Königs, im großen Saale der Burg vor dem versammelten Hofstaat eine Rede, in der er über seine Krönung und seine Vermählung mit Gertrude, der Witwe seines Bruders, spricht. Er geht schnell zum Tagesgeschäft über und lässt Botschafter nach Norwegen aufbrechen, wo sie beim König gegen das Vorhaben des norwegischen Prinzen Fortinbras protestieren sollen, der Dänemark durch den Machtwechsel geschwächt glaubt und einige an die Dänen gefallene Gebiete zurückfordert.

In einer weiteren Handlung gestattet Claudius dem zur Krönung angereisten Laertes, Sohn des Rates Polonius, die Rückkehr nach Frankreich. Er wendet sich dann an seinen schweigsamen, schwarz gekleideten Neffen Hamlet. Claudius und Gertrude mahnen ihn, nicht zu viel um seinen Vater zu trauern, und bitten ihn, nicht zu seinem Studium nach Wittenberg zurückzukehren, sondern in Dänemark zu bleiben. Hamlet will gehorchen. Allein, Hamlet zeigt sich

jdm. etw. anvertrauen: **to entrust s.th. to s.o.**
Hofstaat: **court; royal household**
Tagesgeschäft: **day-to-day business**
geschwächt: **weakened**
schweigsam: **taciturn**
jdn. mahnen: **to urge s.o.**

entsetzt über die vorschnelle und auch inzestuöse Hochzeit zwischen seiner Mutter und Claudius.

Horatio, Marcellus und Bernardo treten auf und berichten von der spukhaften Erscheinung. Auch in der kommenden Nacht halten sie Wache; Hamlet, über den Bericht höchst beunruhigt und voller böser Vorahnungen, bittet sie, die Sache geheim zu halten. Er will sie später auf den Befestigungen aufsuchen.

3. In den Gemächern seines Vaters verabschiedet sich Laertes von seiner Schwester Ophelia und rät ihr davon ab, Hamlets Werbungen anzunehmen. Polonius nimmt Abschied von seinem Sohn und erteilt ihm dabei viele Ratschläge. Auch er drängt Ophelia, den Prinzen abzuweisen. Ophelia will seinem Wunsch entsprechen.

4. Auf den Befestigungen warten Hamlet, Horatio und Marcellus bei großer Kälte auf den Geist. Er erscheint und winkt Hamlet weg von der Gruppe. Trotz der Warnungen seiner verängstigten Begleiter folgt Hamlet willig und furchtlos.

5. Der Geist gibt sich Hamlet als Geist des verstorbenen Königs zu erkennen und erzählt Hamlet, er sei nicht, wie bekannt gegeben wurde, von einem Schlangenbiss getötet, sondern von seinem Bruder Claudius vergiftet worden, der zu dem Zeitpunkt des Mordes Gertrude schon verführt hatte. Er fordert Hamlet auf, sich an Claudius zu rächen, Gertrude jedoch

Der Racheaufruf

entsetzt: **horrified**
inzestuös: **incestuous**
Vorahnung: **premonition**
Gemächer: **quarters**
Werbung: **suit**

zu schonen. Vor seinem Verschwinden bittet er Hamlet darum, er möge ihn nicht vergessen. Hamlet schwört. Als Hamlets Begleiter wieder auftreten, lässt er sie einen Schwur leisten, niemals über das zu reden, was sie gehört und gesehen haben, verrät aber nicht den Inhalt des Zwiegesprächs mit dem Geist seines Vaters. Auch sollen sie, falls er sich sonderbar verhält, so tun, als wüssten sie nichts.

Zweiter Akt

1. Einige Wochen sind vergangen. Polonius schickt einen Diener nach Paris, um Laertes Geld zu bringen und um ihn zu beobachten. Ophelia, verstört, berichtet ihrem Vater von einem Besuch Hamlets, der offenbar wahnsinnig geworden sei. Polonius führt Hamlets Verhalten auf Ophelias Abweisung zurück und entscheidet, Claudius darüber zu informieren.

2. Claudius und Gertrude empfangen Hamlets Studienfreunde Rosencrantz und Guildenstern, die sie aus der Universitätsstadt Wittenberg holen ließen, und schicken sie zum Prinzen, in der Hoffnung, dass sie die Ursache seines Geisteszustandes herausfinden.

Hamlets Geisteszustand

Claudius empfängt die Botschafter, die er nach Norwegen geschickt hatte. Sie berichten, dass Fortinbras wegen seiner Pläne vom norwegischen König gerügt worden sei und seine

einen Schwur leisten: **to take an oath**
verstört: **agitated**
Studienfreunde: **university friends**
Geisteszustand: **state of mind**

Bemühungen nun gegen Polen richte. Sie überreichen Claudius ein Schreiben, in dem Fortinbras um ungehinderten Durchmarsch durch dänisches Gebiet bittet.

Polonius gibt seine Theorie bekannt, Hamlets Wahnsinn sei der unglücklichen Liebe zu seiner Tochter zuzuschreiben. Um Näheres zu erfahren, wollen Polonius und der König ein arrangiertes Treffen zwischen Hamlet und Ophelia belauschen. Vorher trifft Polonius Hamlet, der weiter den Wahnsinnigen spielt. Er beleidigt Polonius wiederholt und spricht sehr düster über Ophelia. Polonius tritt ab. Rosencrantz und Guildenstern treten ein. Auf Hamlets Drängen hin geben sie zu, dass sie im Auftrag des Königspaars gekommen sind. Hamlet gibt ihnen gegenüber seiner unglücklichen Stimmung Ausdruck, wird aber auf einmal heiterer, als Rosencrantz und Guildenstern von einer bald eintreffenden Theatertruppe berichten. Als die Truppe ankommt, lässt Hamlet einen Schauspieler eine Rede über die Tötung des trojanischen Königs Priamus durch Pyrrhus und die Trauer seiner Königin Hecuba wiedergeben. Er bittet den Schauspieler heimlich darum, am nächsten Abend *Die Ermordung des Gonzano* zu spielen und in dem Stück eine Rede unterzubringen, die er selber geschrieben hat. Rosencrantz, Guildenstern und die Schauspieler treten ab. Hamlet monologisiert über die Leidenschaft und Hingabe des Schauspielers einerseits und über sein eigenes Zögern und seine Zurückhaltung andererseits. Er plant, die Schauspieler eine Mordsze-

Hamlets Falle

heiter: **cheerful**
monologisieren: **to soliloquise**
Zögern: **hesitation**
Zurückhaltung: **reluctance**

ne spielen zu lassen, in der Claudius seine Bluttat erkennen soll. Er will Claudius während der Aufführung beobachten und sich so von seiner Schuld überzeugen.

Dritter Akt

1. Rosencrantz und Guildenstern können zur Enttäuschung des Königs zur Klärung von Hamlets Geisteszustand nichts Wesentliches beitragen. Polonius und Claudius verstecken sich, um die Begegnung zwischen Hamlet und Ophelia zu belauschen. Hamlet tritt auf und reflektiert über Selbstmord, Sterblichkeit und menschliche Verstrickungen allgemein (»To be, or not to be …«). Ophelia tritt auf. Die beiden unterhalten sich. Hamlet stellt ihre Ehrlichkeit und Keuschheit in Frage. Er gibt zu, sie einmal geliebt zu haben, sagt gleich darauf aber, dass er dabei gelogen hat. Er rät ihr wiederholt, sich in ein Kloster zu begeben, denn durch Heirat und Fortpflanzung würde sie nur zu einer »Gebärerin von Sündern«. Er gerät dabei in Rage und beschimpft das weibliche Geschlecht allgemein. Im Wissen, dass er belauscht wird, äußert er zum Schluss noch eine Drohung gegen den König. Nachdem Hamlet Ophelia verlassen hat, beklagt sie seinen Geisteszustand. Unter dem Eindruck der Begegnung zwischen Ophelia und Hamlet beschließt Clau-

Gespräch mit Ophelia

jdn./etw. belauschen: **to eavesdrop on s.o./s.th.**
Sterblichkeit: **mortality**
menschliche Verstrickungen: hier: **the human condition**
Keuschheit: **chasteness; virtue**

dius, Hamlet, dem er misstraut, nach England zu schicken; Polonius, der immer noch daran glaubt, dass die verschmähte Liebe Hamlets Wahnsinn hervorgerufen hat, will ein Gespräch zwischen Gertrude und Hamlet belauschen.

2. Hamlet gibt einem Schauspieler diverse Hinweise, wie man rezitiert. Horatio tritt auf und wird von Hamlet in den Zweck der Aufführung eingeweiht. Er soll Claudius beobachten. Der Hof versammelt sich; die Aufführung beginnt. Pantomimisch wird folgende Handlung dargestellt:

Das »Spiel im Spiel«

Ein König und eine Königin treten auf. Sie umarmen sich gegenseitig. Der König schläft ein; die Königin sieht dies und verlässt ihn. Während er schläft, gießt ihm ein anderer Mann Gift ins Ohr. Die Königin kehrt zurück und findet den toten König vor. Sie trauert. Der Giftmörder kommt herein und scheint ihren Schmerz zu teilen. Der Leichnam wird weggetragen. Der Giftmörder wirbt um die Königin; sie weist ihn erst ab, nimmt aber am Ende seine Liebe an.

Claudius, der sich während der Pantomime beherrschen kann, muss nun die gleiche Handlung als Theaterstück erdulden. Nach der Darstellung der Mordtat erhebt er sich und lässt das Spiel abbrechen; der versammelte Hof zerstreut sich. Hamlet und Horatio sind sich einig: Claudius ist schuldig. Hamlet wird von Rosencrantz und Guildenstern, und dann auch von Polonius zu seiner Mutter gebeten.

jdm. misstrauen: **to mistrust s.o.**
etw. verschmähen: **to spurn s.th.**
pantomimisch: **pantomimically; as a pantomime**
Leichnam: **body**
etw. erdulden: **to endure s.th.**
sich zerstreuen: **to disperse**

3. Claudius befiehlt Rosencrantz und Guildenstern, Hamlet sofort nach England zu bringen, und betet, wieder allein, ihm möge der Brudermord verziehen werden. Hamlet tritt ein, sieht den betenden König und zieht sein Schwert. Er kann die Rache aber nicht vollziehen, denn die Seele des betenden Königs würde so in den Himmel statt in die Hölle gelangen.

Hamlet tötet Polonius

4. Im Privatgemach der Königin rät Polonius ihr, mit Hamlet streng zu sein und ihn wegen seiner Streiche zur Rede zu stellen. Polonius versteckt sich hinter einem Wandbehang, bevor Hamlet hereinkommt. Dieser reagiert so heftig auf die Äußerungen seiner Mutter, dass sie um ihr Leben fürchtet und um Hilfe schreit. Polonius ruft; Hamlet durchstößt mit seinem Schwert den Wandbehang, hinter dem er dann den getöteten Polonius entdeckt. Hamlet befindet seine Tat für blutig, aber nicht für so böse wie Königsmord und Inzest, und spielt so auf die Taten des Herrscherpaars an. Er führt seine Mutter zu zwei Porträts, die an der Wand hängen – eines stellt seinen Vater, eines seinen Onkel dar –, und spricht von den Tugenden des Vaters und den schlechten Eigenschaften des Onkels. Er tadelt seine Mutter wegen der Heirat mit Claudius. Sie muss ihre Schuld einsehen und bittet ihn aufzuhören. Der Geist tritt wieder auf und mahnt

Brudermord: **fratricide**
etw. vollziehen: **to carry out / to execute s.th.**
Streich: **escapade; prank**
Wandbehang: **arras**
Königsmord: **regicide**
Inzest: **incest**
Tugend: **virtue**

Hamlet, sein Ziel – die Rache – nicht aus den Augen zu verlieren. Hamlet versichert seiner Mutter, die den Geist nicht sehen kann und Hamlet für wahnsinnig hält, er sei nur aus Berechnung wahnsinnig und bittet sie, Claudius nichts zu verraten. Er verlässt sie, die Leiche Polonius' hinausschleifend.

Vierter Akt

1. Claudius, der von Polonius' Tod erfährt, schickt Rosencrantz und Guildenstern auf die Suche nach Hamlet.

2. Rosencrantz und Guildenstern finden den düster scherzenden Hamlet.

3. Claudius teilt Hamlet mit, er soll zu seinem eigenen Schutz nach England gebracht werden, verrät aber anschließend im Monolog, dass Hamlet nach seiner Ankunft in England getötet werden soll.

4. Fortinbras führt sein Heer durch dänisches Territorium, um gegen Polen vorzugehen. Hamlet, unterwegs nach England, sieht dies und monologisiert über den Kontrast zwischen Fortinbras' sicherem Handeln und seiner trägen Rache.

Hamlets Reise nach England

5. Einige Wochen sind vergangen. Ophelia ist nach dem Tod ihres Vaters verrückt geworden. Sie wird in die Privatgemächer der Königin hereingelassen, singt aber nur wirr. Auch der König tritt hinzu. Laertes, aus Paris zurückgekehrt, stürmt herein und fordert Sühne für Polonius' Tod, für den er Claudius die Schuld gibt. Er wird etwas

Sühne: **atonement**

abgelenkt, als er Ophelia sieht, die Kräuter verteilt. Claudius will Laertes die wahren Umstände des Todes erzählen und ihm beim Rachezug gegen den Täter behilflich sein.

6. Horatio erhält einen Brief von Hamlet: Er sei wieder in Dänemark. Ein Piratenschiff habe sein Schiff angegriffen, aber er sei als Einziger gefangenen genommen worden und habe die Piraten überzeugen können, ihn nach Dänemark zu bringen.

Rache an Hamlet

7. Laertes und Claudius verschwören sich gegen Hamlet. Ein Edelmann bringt zu ihrer großen Überraschung Nachricht von Hamlet, der am nächsten Tag erscheinen will. Die beiden beschließen, Laertes solle Hamlet bei einem Fechtspiel töten; dazu wird seine Schwertspitze mit Gift versehen. Darüber hinaus soll ein Becher bereitstehen, der ebenfalls Gift enthält. Gertrude tritt auf und berichtet vom Tod Ophelias, die in einem Bach ertrunken ist.

Fünfter Akt

1. Ein Küster und sein Gehilfe beginnen, ein Grab auszuheben und scherzen dabei. Hamlet und Horatio treten auf. Hamlet diskutiert mit den beiden und reflektiert, angeregt

jdn. ablenken: **to distract s.o.**
sich verschwören: **to plot**
Edelmann: **nobleman**
Fechtspiel: **fencing match**
Schwertspitze: **the tip of the sword**
Küster: **sexton**

durch den Anblick der Schädel, die zu Tage gefördert werden, über die Sterblichkeit. Er wird aber von Ophelias Trauerzug unterbrochen. Bei der Beerdigung steigt Laertes vor Trauer und Wut ins Grab. Hamlet gibt sich zu erkennen und steigt ebenso ins Grab. Die beiden ringen, werden dann getrennt. König Claudius bittet Laertes, geduldig zu sein, und verspricht, den Racheplan bald umzusetzen.

2. Hamlet berichtet Horatio von seiner Reise nach England: Die versiegelten Briefe hat er heimlich geöffnet. Sie enthielten den Todesbefehl. Hamlet ersetzte sie durch einen Befehl, Rosencrantz und Guildenstern zu töten.

Ein Höfling bringt Laertes' Herausforderung zum Duell, die Hamlet trotz böser Vorahnungen annimmt. Claudius, Gertrude und der Hof versammeln sich. Hamlet und Laertes duellieren sich. Hamlet führt zunächst und lehnt den – vergifteten – Becher ab, aus dem Gertrude jedoch trinkt. Laertes verletzt Hamlet, wird aber, da sie in einem Gemenge die Schwerter tauschen und auch Hamlet zustoßen kann, auch selbst vergiftet. Gertrude bricht zusammen und stirbt. Der sterbende Laertes erzählt Hamlet vom geplanten Anschlag gegen ihn. Hamlet durchbohrt Claudius mit dem Schwert und zwingt ihn dazu, vom Gift zu trinken: Er stirbt. Hamlet und La-

Die Katastrophe

Schädel: **skull**
Trauerzug: **funeral procession**
Beerdigung: **burial**
versiegelt: **sealed**
Todesbefehl: **death sentence**
sich duellieren: **to duel**
Gemenge: **scuffle**
jdn. durchbohren: **to stab s.o.**

ertes können sich noch vor Laertes' Tod versöhnen. Horatio möchte Hamlet in den Tod folgen und greift nach dem Becher. Hamlet hindert ihn daran und fleht ihn an, seine Geschichte der Nachwelt zu erzählen. Hamlet hört das sich nähernde Heer Fortinbras' und sagt voraus, Fortinbras werde der nächste dänische König. Hamlet stirbt. Fortinbras, in Begleitung englischer Botschafter, die den Tod Rosencrantz' und Guildensterns mitteilen wollen, übernimmt die Kontrolle und ordnet ein militärisches Ehrenbegräbnis für Hamlet an.

Ehrenbegräbnis: military funeral

3. Personen

Die Hauptfigur

Ein sportlicher, attraktiver und intelligenter junger Mann, Zierde und Hoffnungsträger des dänischen Staats, ein Prachtbeispiel junger Männlichkeit, ein in jeder Hinsicht vorbildlicher Prinz mit einem edlen Herzen, der im Mittelpunkt des öffentlichen Interesses steht – das ist der **Hamlet**, den Ophelia und Horatio gekannt haben und von dem auch der norwegische Prinz Fortinbras wohl gehört hat. Aber die Zuschauer lernen eben nicht diesen vielversprechenden Thronfolger kennen: Sie werden mit einem schwarz gekleideten, überempfindlichen, verstörten und trauernden jungen Mann konfrontiert. Hamlet ist schon zu Beginn des Dramas ein veränderter Mensch.

Hamlet – ein veränderter Mensch

Die Zeit, in der Hamlet ein angesehener Prinz war, ist zu Beginn der Handlung nur einige Wochen her, aber trotzdem unwiderruflich verloren. Der Tod des geliebten Vaters und die vorschnelle Hochzeit seiner Mutter stürzen Hamlet ins

Zierde: **ornament**
Prachtbeispiel: **fine example**
vorbildlich: **exemplary**
vielversprechend: **promising**
überempfindlich: **oversensitive**
verstört: **deranged**
trauern: **to mourn**
unwiderruflich verloren: **irrevocably lost**
vorschnell: **hasty**

Unglück und lassen ihn in der Welt jeglichen Sinn vermissen (I,2,129 ff.), so dass er sich sogar mit Selbstmordgedanken trägt. Es ist unvorstellbar, dass der tintenschwarz gekleidete Hamlet, der sich als einziger mit den neuen machtpolitischen und familiären Verhältnissen nicht abfinden will, je wieder dem Ideal eines jungen Erbprinzen entspricht.

Hamlet ist eine Figur von solcher Komplexität, dass zur Beschreibung seines Charakters eine Annäherung aus verschiedenen Perspektiven am sinnvollsten erscheint.

Hamlet der Wahnsinnige?

Hamlets Verstörtheit ist auf den Verlust des Vaters und auf die neue Verbindung der Mutter zurückzuführen. Schon *vor* der Begegnung mit dem Geist des Vaters ist Hamlets Geisteszustand also höchst bedenklich. Nach den brisanten Enthüllungen des Geistes und vor allem nach seiner Aufforderung zur Rache tritt die Veränderung ein, die besonders für Ophelia so schockierend ist: Hamlet wird wahnsinnig. Er redet zum Teil wirr; treibt Wortspiele, die auf den ersten Blick unverständlich wirken; seine Gedankengänge sind – wenn überhaupt – nur schwer nachvollziehbar.

sich mit Selbstmordgedanken tragen: **to harbour suicidal thoughts**
unvorstellbar: **unimaginable**
bedenklich: **questionable**
brisant: **explosive**
Enthüllung: **revelation**
unverständlich: **incomprehensible**

Ist Hamlet wahnsinnig oder nicht? Hamlet selber äußert sich dazu eindeutig: Er *spielt* den Wahnsinnigen. Diese Taktik ist das Erste, was ihm nach den Enthüllungen des Geistes einfällt. Er hat vor, sich ein »antic disposition« (I,5,172) – ein groteskes Wesen – anzulegen. Polonius verfällt der Illusion (II,2,92 ff.) und hält Hamlet für wahnsinnig, obwohl vieles, was Hamlet ihm gegenüber von sich gibt, nicht von seinem Wahnsinn, sondern von seiner Verachtung für Polonius zeugt. In ähnlicher Weise müssen Rosencrantz und Guildenstern einsehen, dass Hamlet sie durch seine »crafty madness« (III,1,8) manipuliert.

Hamlets Wahnsinn ist eine Maske. Er verstellt sich, um für seinen Gegner unberechenbar zu bleiben.

Hamlet der Melancholiker?

Das Wort Melancholie kommt aus dem Griechischen und bedeutet ›schwarze Galle‹. Im Elisabethanischen Zeitalter glaubte man an die Lehre der Temperamente, derzufolge sich der menschliche Körper aus vier Elementen zusammensetze: aus Blut, gelber Galle, Schleim und schwarzer Galle. Charakterliche Eigenschaften wie zum Beispiel Mut, Fröhlichkeit und Tapferkeit wurden auf jeweils unterschiedliche Zusammensetzung dieser vier Körpersäfte zurückgeführt. Die Gesundheit hing vom Gleichgewicht der Säfte ab. Ham-

jdn. manipulieren: **to manipulate s.o.**
unberechenbar: **unpredictable**
schwarze Galle: **black bile**
Temperament: **temperament**

let ist der Lehre der Temperamente entsprechend ein Melancholiker.

Wenn wir heute von Melancholie sprechen, so meinen wir damit Niedergeschlagenheit, Traurigkeit oder Neigung zur Depressivität, eventuell sprechen wir von einem Bild, das eine melancholische Stimmung hervorruft. Die Vorstellung von Melancholie im Elisabethanischen Zeitalter ist etwas anders. Ein Melancholiker hat demnach ein bestimmtes Aussehen, er ist schlank und dunkel. Er hat eine verschlossene, umdüsterte Gemütsart. Durch diese Melancholie wird der Verstand einerseits in die größte Verwirrung gebracht, die sich zum Wahnsinn steigern kann; andererseits kann die Melancholie die Vernunft in besonderer Weise unterstützen und einen besonderen Scharfsinn bewirken. Genialität sowie die Fähigkeit, Dämonen und Geister wahrzunehmen und mit ihnen zu verkehren, wurden zu jener Zeit auf die Melancholie zurückgeführt.

Die Elisabethanische Melancholie

Die Elisabethanischen Zuschauer erkannten in Hamlet sofort einen Melancholiker – schon Hamlets Trauerkleidung ist ein Zeichen für seinen krankhaften Gemütszustand – und sie wussten genau, was von einem solchen Typus zu erwar-

Depressivität: **depression**
Stimmung: **mood**
verschlossen: **reserved**
umdüstert: **dark**
Gemütsart: **disposition**
Dämon: **demon**
Geist: **ghost**
Trauerkleidung: **mourning**

ten war: plötzliche Stimmungswechsel, Obsessionen mit einem zentralen Gedanken, Zynismus, abwechselnde Untätigkeit und fieberhafte Aktivität.

Hamlet steckt einerseits voller Energie und Ideen, ist andererseits vom Racheauftrag wie lahmgelegt. Er ekelt sich vor der Sexualität, ja sein Ekel gilt der ganzen Welt, die er mit einem ungejäteten Garten vergleicht, und der ganzen Menschheit, die sich der Fleischeslust hingibt und sich immer weiter fortpflanzt. Hamlet ist somit in gewissem Sinne unmenschlich.

Hamlet der Philosoph und Poet?

Hamlet ist gebildet, was für einen Prinzen eher ungewöhnlich ist, und möchte am liebsten in die Universitätsstadt Wittenberg zurückkehren, um sich weiterzubilden. An Bildung und Geist ist ihm nur Horatio ebenbürtig. Die Studenten Rosencrantz und Guildenstern wirken im Vergleich bieder und witzlos. Hamlet interessiert sich für das Theater. Er ist ein Intellektueller, ein Denker, ein Philosoph. Er stellt viele grundsätzliche Fragen zum menschlichen Dasein (»What a piece of work is a man [...] and yet to me, what is this quintessence of dust?«, II,2,296; »To be, or not to be, that is the

plötzlicher Stimmungswechsel: **sudden change of mood**
Zynismus: **cynicism**
fieberhafte Aktivität: **frenzied activity**
ungejätet: **unweeded**
bieder: **unsophisticated**
witzlos: **humourless**

question«, III,1,56). Sein Philosophieren ist reich an Rätseln und Widersprüchen und arm an systematischen Überlegungen. Hamlet ist ein feinsinniger Intellektueller, kein Mann der Tat.

Hamlet der Grausame?

Hamlet mag gebildet sein und Sinn für Poesie haben; er mag in sehr anständiger Weise und mit hübschen Gedichten um Ophelia geworben haben und ein edles Herz haben; aber er hat auch andere Seiten: Er ist grausam. So schickt er Rosencrantz und Guildenstern ungebeichtet in den Tod, obwohl es gereicht hätte, sie gefangen zu nehmen. Er äußert sich in unflätiger Weise zum toten Polonius und behandelt die Leiche mit einer unmenschlichen und zynischen Kälte. Gegen Ophelia und die Mutter, die Frauen, die er einmal geliebt hat, geht er mit besonderer Härte vor. Er überschüttet sie mit Beleidigungen und Vorwürfen. Wie ist das alles mit seinem angeblich nur gespielten Wahnsinn vereinbar? Eine Antwort könnte lauten: Hamlet ist grausam, zynisch und kalt.

Rätsel: **puzzle**
Widerspruch: **contradiction**
feinsinnig: **subtle**
gebildet: **educated; cultured**
anständig: **proper**
grausam: **cruel**
Härte: **severity**
jdn. mit etw. überschütten: **to shower s.o. with s.th.**
Vorwurf: **accusation**

Andere Figuren

Claudius ist der Bösewicht, an dem sich Hamlet rächen soll: Er hat um seiner Machtgelüste willen einen Brudermord begangen und seine Schwägerin geheiratet. Er hatte keine Bedenken, seinen Bruder (I,5,77–79) »unaneled« (›ohne letzte Ölung‹) zu töten und begeht also Seelenmord, eine zu Shakespeares Zeiten besonders verabscheuungswürdige Tat. Er ist auch ohne weiteres dazu bereit, seinen Neffen Hamlet töten zu lassen, als dieser ihm auf die Schliche kommt. Er benutzt Laertes in unerhörter Weise in der Absicht, Hamlet zu beseitigen. Claudius stirbt am Ende durch Hamlets Schwert; somit wird die Rache vollzogen.

Claudius – ein guter König?

Der Geist bezeichnet Claudius zwar als »wretch«, dessen natürliche Gaben im Vergleich zu den eigenen ärmlich seien (I,5,51–52), Claudius ist aber ein fähiger Staatsmann, und alles spricht dafür, dass er die Staatsgeschäfte in höchst kompetenter Weise zu erledigen versteht. Seine erste Rede vor dem versammelten Hof (I,2,1–39) ist ein Glanzstück der Rhetorik und lässt bei aller Zwiespältigkeit seiner Aussagen den souveränen Herrscher erkennen. Seine erste Handlung nach der Krönung, die Entsendung der Botschafter nach Norwegen zur Entschärfung militärischer Spannungen, ist ein voller Erfolg für den dänischen

Bösewicht: **villain**
Seelenmord begehen: **to condemn s.o.'s soul to perdition**
verabscheuungswürdig: **contemptible**
in unerhörter Weise: **in an outrageous fashion**
Zwiespältigkeit: **ambiguity**
souverän: **confident; self-assured**

Staat. Auch im Umgang mit seinen Untertanen nimmt man einen souveränen Herrscher wahr. Diese positiven Eigenschaften machen Claudius zu einem ungewöhnlichen Bösewicht.

Verstärkt wird dies dadurch, dass er eine Seele und auch ein Gewissen hat. Das von Hamlet veranstaltete ›Spiel im Spiel‹ (III,2,128–254) konfrontiert Claudius mit seiner Tat. In der darauffolgenden Szene ringt Claudius mit sich selbst und mit seiner Schuld; das Entsetzen über die eigene Tat kommt sehr deutlich zum Ausdruck. So sind die Sympathien des Zuschauers, wenn auch für kurze Zeit, bei Claudius. Nur die Einsicht, dass in seiner Lage die Reue nicht möglich ist, da er so sehr an den Früchten seines Verbrechens – seiner Macht und seiner Frau – hängt, lässt ahnen, dass er im Zeichen des Bösen fortfahren wird. Trotzdem bleibt es für das Genre der Rachetragödie höchst ungewöhnlich, dass in dieser Art ein Einblick in die Seele des Gegners gewährt wird. Hamlet, dem tragischen Helden, wird sozusagen ein zweiter tragischer Held gegenübergestellt.

Eine rätselhafte Frau

Gertrude hat den Bruder ihres verstorbenen Ehemanns geheiratet, eine damals als inzestuös geltende Verbindung. Gertrude ist in vieler Hinsicht eine rätselhafte Frau. Es hat den Anschein, dass sie einfach ihren Gelüsten folgt, allerdings ohne Wissen um die Verstrickungen und um das Böse,

Untertan: **subject**
Gewissen: **conscience**
Sympathie: **sympathy**
Gelüst: **desire**

das sie umgibt. Ihre Reaktion auf das ›Spiel im Spiel‹ ist bezeichnend: Sie ist vor allem darüber erbost, dass Hamlet seinen Onkel ›verletzt‹ hat, und scheint von den wahren Zusammenhängen nichts zu ahnen. Das lässt vermuten, dass sie an der Ermordung ihres Mannes unbeteiligt gewesen ist. Die Bilder einer krankhaften und lüsternen Frau (III,4,145 ff.) entspringen zum größten Teil Hamlets überhitzter Fantasie. Es ist nicht eindeutig, zu welchem Zeitpunkt ihr Verhältnis mit Claudius begonnen hat. Zwar spricht der Geist von seinem ›ehebrecherischen‹ Bruder, aber die Vermutung, sie habe nach dem Tod ihres Mannes ihren Schwager aus Bequemlichkeit geheiratet, ist ebenso plausibel. Denn was blieb ihr anderes übrig? In ein Kloster zu gehen und sich somit vom Zentrum der Macht zu entfernen? Es ist übrigens nicht klar, wie sehr sie ihren neuen Mann liebt, denn nirgendwo drückt sie ihre Gefühle für ihn aus. Auch Claudius gibt seine Gefühle für Gertrude an keiner Stelle preis.

Gertrude schweigt auch zur moralischen Frage des Inzests. Hamlets unkontrollierte Auslassungen über ihr Vergehen (III,4) lassen ein unbestimmtes Schuldgefühl aufkommen, und ihr Ausruf »O Hamlet, thou hast cleft my heart in twain« (III,4,156) drückt eher die Unmöglichkeit, gleichzeitig ihrem Sohn und ihrem Ehemann gerecht zu werden, als ein Schuldbewusstsein aus.

unbeteiligt: **not involved**
lüstern: **lascivious**
überhitzt: **overheated**
aus Bequemlichkeit: **for the sake of convenience**
etw. preisgeben: **to reveal s.th.**
unbestimmtes Schuldgefühl: **vague feeling of guilt**

In der Schlussszene trinkt Gertrude aus dem vergifteten Becher – ob absichtlich oder nicht, kann man nicht mit Sicherheit sagen. So wird sie Opfer des tragischen Geschehens. Gertrude ist eher eine Mitläuferin als eine Verbrecherin.

Polonius ist ein Staatsmann, sein genaues Amt wird jedoch nicht genannt. Er selber nennt sich »assistant for a state« (II,2,165). Er ist also wohl eine Art Staatssekretär bzw. Rat. Im Laufe der Zeit hat er dem dänischen Staate gute Dienste geleistet und ist der engste Berater des Herrschers geworden. Claudius findet ihn »faithful and honourable« (II,2,129); Polonius' Glaube an sein eigenes Urteilsvermögen ist unerschütterlich, ja er hält sich für unfehlbar: »Hath there been such a time [...] / That I have positively said ›'Tis so‹, / When it proved otherwise?« (II,2,153–155). Er täuscht sich jedoch darin, dass die Ursache von Hamlets Melancholie in der unglücklichen Liebe zu seiner Tochter Ophelia liegt. Diese Täuschung und die Strategien, die er verfolgt, um das Königspaar von seiner Ansicht zu überzeugen, werden ihm zum Verhängnis.

Verhängnisvoller Irrtum

Polonius ist ein kommunikativer Mensch – Hamlet nennt ihn ein »foolish prating knave« (III,4,215) – und manipuliert Menschen durch seinen wortreichen und gelegentlich

absichtlich: **intentionally**
Staatsmann: **statesman**
Berater: **adviser**
Urteilsvermögen: **judgement**
unerschütterlich: **unshakeable**
Strategie: **strategy**

verschachtelten Redefluss. Polonius beauftragt Reynaldo, seinem Sohn nachzuspionieren und erteilt ihm Ratschläge, wie der schwierige Auftrag zu erfüllen sei. Polonius versucht dabei, dem jungen Höfling die Kunst des Manipulierens beizubringen. Da er um die Unschuld Ophelias und somit auch um seinen sozialen Status besorgt ist, manipuliert er sie, so dass sie nicht mehr an Hamlets Liebe glauben kann und ihrem Vater ohne weiteres gehorchen will. Weil er seine Tochter derart ausnutzt, nennt Hamlet ihn einen »fishmonger« (II,2,173), also einen Bordellbesitzer.

Auf der Bühne und im Film wird Polonius häufig als eine Art geschwätziger Clown dargestellt – seine Zeilen zählen ja auch zu den unterhaltsamsten des Stücks –, aber so verkennt man seine Funktion als berechnender und fähiger Staatsmann und Machtmensch. Polonius mag gelegentlich zerstreut wirken, aber er ist vielmehr umsichtig und wägt die genaue Wirkung seiner Worte ab – vermutlich eine bewährte Taktik, die ihm zu seiner hohen Stellung verholfen hat. Typisch ist die Qualifizierung seiner Aussagen durch *but*.

Polonius stirbt beim Versuch, ein Gespräch zwischen Gertrude und Hamlet zu belauschen. Er ist an seinem Tod in gewisser Weise selbst schuld. Die Zuschauer sind natürlich entsetzt über die Tat und über die Plötzlichkeit des Todes, empfinden aber wenig Mitleid mit ihm. Hamlets

verschachtelt: **convoluted**
Bordellbesitzer: **brothel owner**
unterhaltsam: **entertaining**
zerstreut: **absent-minded**
Qualifizierung: **qualification**
Plötzlichkeit: **suddenness**

Worte »Thou find'st to be too busy is some danger« (III,4,32) bringen es auf den Punkt: Polonius' ständiges Sich-Einmischen bringt Gefahr mit sich.

Ophelia ist die Tochter des Polonius und Geliebte Hamlets, der offenbar in sehr ehrenhafter Weise (I,3,110–111) um sie geworben hat. Sie tritt in nur fünf der insgesamt zwanzig Szenen auf.

Ophelia ist gehorsam. Über Hamlets Werbung um sie erfahren wir nur deswegen, weil die gehorsame Ophelia die Briefe ihrem Vater ausgehändigt hat, der aus einem Brief zitiert (II,2,106–127). Sie entspricht, ohne zu zögern, dem Wunsch ihres Vaters, Hamlets Annäherungen abzuweisen, und sie ist bereit, sich beim Treffen mit Hamlet belauschen zu lassen. Ihr Wahnsinn und Selbstmord sprechen dafür, dass die Verstrickungen am Hofe, Hamlets plötzlich veränderter Geisteszustand und nicht zuletzt der Tod ihres Vaters zu viel für sie ist.

Es ist oft darüber spekuliert worden, ob Hamlet nicht nur um Ophelia geworben, sondern auch mit ihr sexuellen Kontakt gehabt habe, und einige Bühnen- und Filmregisseure haben sich die Freiheit genommen, ein solches Verhältnis anzudeuten (in der Kenneth-Branagh-Verfilmung sieht der Zuschauer Nacktszenen in der Rückblende). Es gibt dafür zwar keine direkten Hinweise im Text, aber zwei Stellen lassen sich in diese Richtung interpretieren: Hamlets Verhalten gegenüber Ophelia vor dem ›Spiel im Spiel‹ und eines der

gehorsam: **obedient**
jdm. etw. aushändigen: **to hand s.th. over to s.o.**
etw. andeuten: **to allude to s.th.**

Lieder, die Ophelia in der Wahnsinnsszene singt, das anzügliche Elemente enthält.

Unschuldiges Opfer

Ophelia ist ein Opfer von Verboten und Intrigen. Sie darf nicht lieben und kann den Intrigen ihres Vaters nicht entkommen. Wie Gertrude ist sie Opfer des tragischen Geschehens. Im Gegensatz zu Gertrude ist Ophelia jedoch gänzlich ohne Schuld.

Bei der Beerdigung Ophelias tritt ein **Priester** auf, der sehr deutlich zum Ausdruck bringt, dass er nur deswegen bereit ist, Ophelia auf geweihtem Boden zu beerdigen, weil es das hohe Gebot des Königs so will. Ein gesungenes Requiem kommt gar nicht erst in Frage, denn das würde in seinen Augen eine Entweihung des Totendienstes bedeuten. Es ist überraschend, dass er in Anwesenheit des Herrscherpaars in so offener Weise auf die Unzulässigkeit des Vorgangs anspielt. Der Brauch war, Selbstmörder an einem Kreuzweg unter einem Steinhaufen zu verscharren und einen Pfahl durch den Leichnam zu treiben.

Hamlets einziger Freund

Horatio ist Hamlets engster Vertrauter und einziger Freund. Er hat am Hof keine Funktion und ist im Gegensatz zu den anderen Höflingen und Freunden ehrlich und geradsinnig. Ja, man könnte sagen, er ist der einzige ehrliche Mensch im Stück. Er ist wahrscheinlich aus freien Stücken zum Begräbnis des alten Hamlet angereist und nicht wie Laertes nach

anzüglich: **lewd**
auf geweihtem Boden: **on sacred ground**
Entweihung: **desecration**
aus freien Stücken: **of his own free will**

Helsingör kommandiert worden. Daher schuldet er dem König nichts. Seine einzige Aufgabe besteht darin, seinem Freund Hamlet beizustehen. Im Gegensatz zu Rosencrantz und Guildenstern, die mit Hamlet aufgewachsen sind (II,2,11–12), ist Horatio Hamlets selbst gewählter Freund (III,2,58–60).

Auch Horatio kann man als Philosophen bezeichnen. Horatios ›philosophy‹ hat im Gegensatz zu Hamlets existentiellen Grübeleien eine bestimmte Grundlage, die fast System hat. Horatio vertraut auf seine Sinne und will von einem Geist nichts wissen, bevor er ihn nicht mit eigenen Augen gesehen hat. Er hält die Erscheinung für ein Produkt der Fantasie (I,1,23). Er tritt als Skeptiker auf, der überzeugt werden muss, daher Hamlets Bemerkung »There are more things in heaven and earth, Horatio, / Than are dreamt of in your philosophy« (I,5,166–167). Da er Gelehrter ist, wird ihm die gefährliche Aufgabe zugetraut, den Geist anzusprechen. Dass gerade Horatio am nächsten Tag Hamlet vom Geist des Vaters berichtet, macht es umso glaubhafter und erschütternder für Hamlet.

Horatio ist, so Hamlet, nicht Sklave seiner Leidenschaften (III,2,76). Er entspricht also einem klassischen Ideal des Mannes, der im Leben weder übermäßige Freude, noch übermäßiges Leid erleben muss. Die Ausgewogenheit und Ausgeglichenheit seiner Persönlichkeit steht im Gegensatz zu Hamlets Unberechenbarkeit. Horatio ist ruhig und umsichtig; Hamlet impulsiv und hitzköpfig. Womög-

Grübeleien: **ponderings**
erschütternd: **shattering**
umsichtig: **cautious; circumspect**
impulsiv: **impulsive**

lich ahnt Hamlet, dass Horatio so manche Eigenschaft hat, die ihm fehlt. Am Schluss des Stücks möchte Horatio Hamlet in den Tod folgen – auch dies ein höchst philosophischer Beschluss –, aber Hamlet hält Horatio davon ab, das Gift zu trinken, denn Horatio soll über das Geschehen berichten.

Handlanger des Königs

Rosencrantz und **Guildenstern** sind Studienfreunde Hamlets, die sich skrupellos in den Dienst des Königs stellen. Die Namen Rosencrantz und Guildenstern galten zu Shakespeares Zeiten als typisch dänisch – im 16. Jahrhundert hatte der dänische König Friedrich II. neun Guildensterns und drei Rosencrantz' an seinem Hofe. Rosencrantz und Guildenstern sollen also auch ganz bestimmte Typen darstellen. Im Vergleich zum ernsten Studenten Horatio wirken sie etwas frivol: Sie führen wohl in Wittenberg das Leben, vor dem Polonius seinen in Paris verweilenden Sohn bewahren möchte. Ihr gewaltsames Ende scheint einerseits ungerecht, weil sie von den Hintergründen und von der Tragweite des Geschehens nichts ahnen, andererseits handeln sie völlig ohne Prinzipien und verdienen, wie Hamlet andeutet (V,2,58–59), nichts Besseres. Sie äußern sich häufig floskelhaft, besonders dem König gegenüber, dem ihr unbedingter Gehorsam gehört.

skrupellos: **unscrupulous**
bewahren: **to protect**
Tragweite: **consequences**
floskelhaft: **in set phrases**

Hamlets Spiegelbild

Laertes, Sohn des Polonius, ist ein Höfling. Er ist stolz und voreilig im Handeln. Am Anfang des Stücks wird er als Hamlets Spiegelbild präsentiert; im Verlauf der Handlung wird er zu seinem Feind und schließlich zu seinem Mörder. Laertes hält an der Ehre fest. Wo Hamlet zögert, ist Laertes zum Handeln bereit. Es ist sein unbedingter Wille, sich an dem Mörder seines Vaters zu rächen. Im Gegensatz zu Hamlet macht er sich keine Gedanken über die ethischen Implikationen seines Handelns. Ja, er ist sogar bereit, Hamlet beim Duell – also bei einem wesentlichen Teil des Ehrenkodex, dem er entsprechen will – durch eine vergiftete Schwertspitze hinterlistig zu töten. Er verstößt so gegen seine eigenen Prinzipien. Bezeichnend für seinen unbedingten Glauben an die Familienehre ist es auch, dass er bei der Beerdigung Ophelias offen mit dem Priester streitet und ihn sogar beleidigt, in der Hoffnung, seiner Schwester ein ordentliches Begräbnis zu ermöglichen. Auch das schlichte Begräbnis seines Vaters (IV,5,209 ff.) ist ihm ein Dorn im Auge. Das lässt darauf schließen, dass Laertes vor allem auf den äußeren Schein achtet und nicht auf die tatsächlichen Verhältnisse. So gelingt es Claudius, durch Schmeicheleien (IV,7,70–105) Laertes für seinen Plan zu gewinnen.

Spiegelbild: **mirror image**
unbedingt: **unconditional**
ethische Implikationen: **ethical implications**
Ehrenkodex: **honour code**
Schmeichelei: **flattery; blandishment**

Wie Laertes ist auch **Fortinbras** (sein Name bedeutet so viel wie »stark im Arm«) eine Art Gegenbild zu Hamlet. Er ist, wie sein Vater, ein Krieger; Hamlet hingegen, dessen Vater auch für seine militärischen Heldentaten bekannt war, besucht eine Universität. Laertes verteidigt wie selbstverständlich die Familienehre und will sich rächen; Fortinbras, der wie Hamlet Neffe eines verstorbenen Königs ist, sucht militärische Vergeltung für seinen erschlagenen Vater, auch wenn es fraglich ist, ob sich der Aufwand lohnt. Er erinnert daran, was einem machtbewussten, handlungsfreudigen Prinzen möglich ist.

Ein Prinz, der handelt

Fortinbras tritt zweimal auf. Einmal führt er, dem von Claudius erzielten Abkommen gemäß, seine Truppen durch dänisches Gebiet (IV,4). Er wird dabei von Hamlet beobachtet, der im Anschluss das Handeln des »delicate and tender« Prinzen mit dem eigenen Zögern vergleicht. Zum Schluss des Dramas ordnet Fortinbras für den verstorbenen Prinzen Hamlet ein militärisches Ehrenbegräbnis an. Dies zeigt eine respektvolle Haltung Hamlet gegenüber. Seine Behauptung, Hamlet wäre ein guter König gewesen, beruht auf Hamlets Ruf als vielversprechender Erbprinz. Fortinbras kann nicht wissen, was in der Zwischenzeit alles geschehen ist.

Wer *Hamlet* zwecks Aufführung oder Verfilmung kürzt, lässt gerne die ganze Fortinbras-Handlung weg. Wenn man die Wirkung bedenkt, die der Anblick der vom Prinzen geführten Truppen auf Hamlet hat, kann dies immer nur auf Kosten des Dramas geschehen.

fraglich: **questionable**
in der Zwischenzeit: **in the mean time**

Bote aus dem Fegefeuer

Der Geist von Hamlets Vater fordert diesen zum Handeln auf. Da Hamlets Vater getötet wurde, ohne bei seinem Schöpfer seine Sünden zu bekennen, ist sein Geist verdammt, nachts »umzugehen« und tagsüber so lange gequält zu werden, bis er von seinen zu Lebzeiten verübten Sünden geläutert ist. Er tritt dreimal auf. Das erste Mal bleibt er stumm. Der zweite Auftritt (I,5) dient der Übermittlung des Racheaufrufs. Im dritten Auftritt (III,4,101 ff.) mahnt er Hamlet, sein Ziel nicht aus den Augen zu verlieren. Der Geist hat weniger einen ausgeprägten Charakter als eine feste Funktion: Diese besteht in der Übermittlung des Racheaufrufs und in der Verdammung der noch lebenden Täter.

Der Überlieferung nach spielte Shakespeare selbst die Rolle des Geistes. Das ist eine schöne Vorstellung, lässt sich aber leider nicht überprüfen.

Die vier Höflinge **Osric, Reynaldo, Voltemand** und **Cornelius** zeigen auf engem Raum die Möglichkeiten und Grenzen des höfischen Lebens. **Osric** ist besessen von den am Hofe herrschenden Formalitäten. Sein bescheidener Auftrag (die Aufforderung zum Duell) wird so umständlich erledigt, dass sich Hamlet und Horatio über sein Verhalten lustig machen. Im Gegensatz dazu sind **Voltemand** und **Cornelius** kompetente, intelligente Menschen, und es ist bezeichnend, dass ihnen außenpolitische Aufgaben anvertraut

Übermittlung: **delivery**
Verdammung: **damnation**
der Überlieferung nach: **according to tradition**
Formalität: **formality**
umständlich: **circuitously**

werden. **Reynaldo** wird in einer vielsagenden Szene von Polonius in die Kunst eingeführt, durch manipulatives Gerede Information zu erhalten: Es ist vielleicht der Beginn einer langen Karriere am Hofe.

4. Werkstruktur

Die Struktur von *Hamlet* ist zunächst dadurch bedingt, dass es sich dabei um eine Tragödie handelt. In einer Tragödie wird in der Regel der Aufstieg und Fall eines guten (bis ins 18. Jahrhundert hinein ausschließlich adeligen oder königlichen) Helden gezeigt. Genau gesagt ist *Hamlet* eine Rachetragödie. Zu Shakespeares Zeiten war diese Gattung sehr beliebt. Ein besonders großer Erfolg war *The Spanish Tragedy* (1592) von Thomas Kyd (1558–1594). Darin rächt sich ein spanischer Marschall in spektakulärer Weise an den Mördern seines Sohnes. Wie seine Zeitgenossen orientierte sich Kyd an den Rachetragödien des römischen Dichters Seneca (um 4 v. Chr. – 65 n. Chr.), die für Kyd und auch für andere Dramatiker des Elisabethanischen Zeitalters Vorbildcharakter hatten. Es gibt jedoch einen wichtigen Unterschied zwischen Kyds Darstellung und Senecas Dramen: Während bei Seneca von Gräueltaten nur berichtet wird, lässt Kyd sie auf der Bühne ausführen. Der Erfolg war programmiert: Das Publikum fand Gefallen an solchen blutrünstigen Rachegeschichten.

Die Rachetragödie

Die Struktur einer Rachetragödie ist relativ einfach: Einem Helden ist Unrecht geschehen; er ist berechtigt,

Rachetragödie: **revenge tragedy**
Gattung: **genre**
in spektakulärer Weise: **in a spectacular fashion**
Zeitgenosse: **contemporary**
Gräueltaten: **atrocities**
blutrünstig: **bloodthirsty**

sich zu rächen. Die Rache richtet sich gegen einen Antagonisten (also gegen einen Widersacher), der dem Helden an Macht und List ebenbürtig ist. Auch die unschuldige Geliebte des Helden wird in die Handlung verwickelt; womöglich hindert sie ihn, ohne es zu wollen, an der Verwirklichung seines Plans. Eine vom Widersacher in Gang gebrachte Nebenhandlung holt den Helden kurz nach Vollendung der Rache ein. *Hamlet* entspricht in vielerlei Hinsicht diesem einfachen, uns heute noch vertrauten Handlungsablauf.

Zeitliche Struktur

Die Forderung der klassischen Tragödie, die Handlung dürfe nur einen Sonnenumlauf, also vierundzwanzig Stunden, dauern, wird von Shakespeare nicht eingehalten. Man kann mit einiger Sicherheit sagen, dass der objektive Zeitablauf der Handlung insgesamt einige Monate umfasst. Das kann man vor allem an den beiden Unterbrechungen erkennen, die das ganze Drama in drei Abschnitte teilen.

Unterschied zur klassischen Tragödie

Zwischen dem ersten Akt, dessen Handlung etwas länger als vierundzwanzig Stunden dauert, und dem Beginn des zweiten Aktes liegen etwa sechs bis acht Wochen. Das ergibt

Antagonist: **antagonist**
List: **artfulness; cunning**
jdn. verwickeln: **to entangle s.o.**
Nebenhandlung: **sub-plot**
objektiver Zeitablauf: **objective time frame**

sich aus Ophelias Bemerkung, es seien seit dem Tod des alten Hamlet nun »twice two months« (III,2,120) vergangen. Im ersten Akt war noch von »two months« (I,2,138) die Rede. In der Zwischenzeit ist auch einiges passiert, was relativ viel Zeit in Anspruch nimmt: Die Botschafter sind aus Norwegen zurückgekehrt und haben ihre Mission erfüllt; Claudius und Gertrude haben Rosencrantz und Guildenstern kommen lassen, wozu sie von Hamlets Geisteszustand veranlasst wurden, der sich seit I,5 wohl verschlechtert hat; Polonius lässt seinem in Paris verweilenden Sohn Geld zukommen, was ja andeutet, dass dieser Zeit und Gelegenheit hatte, sein Geld auszugeben und seinen Vater um neue Mittel zu bitten.

Die Handlung von II,1 bis IV,4 dauert 2–3 Tage, dann folgt die zweite Unterbrechung. Zwischen IV,4 und IV,5 vergehen einige Wochen: Laertes hat vom Tod seines Vaters erfahren und ist nach Helsingör zurückgekehrt; Hamlet ist mit Rosencrantz und Guildenstern nach England gefahren und nach seinem kleinen Abenteuer vom Piratenschiff nach Dänemark gebracht worden; Rosencrantz und Guildenstern sind in England getötet worden; die englische Gesandtschaft kommt in V,2 in Helsingör an, um deren Tod zu melden; Fortinbras hat das Unternehmen gegen die Polen abgeschlossen und ist auf dem Nachhauseweg, auch er trifft in V,2 ein. Die Handlung von IV,5 bis zum Schluss (V,2) dauert 2–3 Tage.

Unternehmen: hier: **campaign**

Zwei Möglichkeiten der Gliederung

Fünf Akte ...

Formales Schema

Das Prinzip des fünfaktigen Handlungsaufbaus, das in der Renaissance besonders strenge Anwendung fand, war den Elisabethanischen Dramatikern bekannt. Auch *Hamlet* entspricht diesem Schema. Im **ersten Akt** (Exposition) werden die Missstände in Dänemark dargelegt; der Geist tritt auf und fordert Rache, der Rächer (Hamlet) und sein Widersacher (Claudius) treten auf. Im **zweiten Akt** (Spannungsaufbau) wird die Komplexität der Handlung entfaltet; Rächer und Widersacher handeln. Claudius setzt Rosencrantz und Guildenstern ein; Hamlet will die Schauspieltruppe zur Wahrheitsfindung einsetzen. Im **dritten Akt** erfolgt der Höhepunkt des Konflikts. Hamlets Falle, das ›Spiel im Spiel‹, schnappt zu, und er weiß nun um die Schuld seines Onkels. Kurz darauf tötet Hamlet Polonius, was den Rachezug des Laertes gegen Hamlet einleitet. Im **vierten Akt** (Retardation) ist Claudius, nicht Hamlet, der handelnde. Er gewinnt Laertes, dessen Vater durch Hamlets Hand gestorben ist, als Verbündeten und plant die gewaltsame Beseiti-

Exposition: **exposition**
Missstände: **ills; wrongs**
Spannungsaufbau: **rising action**
etw. entfalten: **to unfold s.th.**
zur Wahrheitsfindung: **in order to find out the truth**
Höhepunkt: **climax**
Retardation: **retardation**
Verbündeter: **ally**

gung Hamlets. Im **fünften Akt** kommt schließlich die Katastrophe. Der Held rächt seinen Vater zwar, geht aber selbst zu Grunde. Das blutige Ende des Rachevollzugs überlebt nur Horatio.

So überzeugend diese Einteilung in fünf Akte auch ist, niemand weiß genau, inwieweit Shakespeare seine Dramen überhaupt in fünf Akten konzipierte. Die frühen Drucke *Hamlets* weisen keinerlei Einteilung in Akte und Szenen auf. Die Einteilung in fünf Akte erfolgte erst Jahre später durch die ersten Shakespeare-Herausgeber. Das geschah vor allem aus dem Bedürfnis heraus, klassischen Modellen zu entsprechen.

... oder drei Handlungsbögen?

Ein Akt stellt normalerweise einen in sich geschlossenen Handlungsabschnitt dar. Die fünf Akte des *Hamlet* erfüllen jedoch nicht immer diese Bedingung, ja in einigen Fällen wird die Handlung durch die Akteinteilung unterbrochen.

Gliederung in Handlungsbögen

So scheint diese künstliche Einteilung von der Grundstruktur des Stücks, die dreiteilig ist, abzulenken. Wenn wir diese drei Handlungsbögen beachten, scheint es sinnvoll, nur nach I,5 und IV,4 Pausen zu machen. In Anlehnung an Aris-

Katastrophe: catastrophe
etw. konzipieren: to conceive s.th.
Einteilung: division
Herausgeber: editor
in sich geschlossen: self-contained
Handlungsbogen: plot strand

toteles (»Ein Ganzes ist, was Anfang, Mitte und Ende hat«) kann man die drei Handlungsbögen Anfang, Mitte und Ende betiteln:

A) Anfang (I,1–I,5)

Der Anfang deckt sich mit dem ersten Akt wie oben beschrieben. Im Anfang der Tragödie wird das Verbrechen enthüllt und der Rächer bestellt. Der Anfang endet mit Hamlets ominöser Aussage »The time is out of joint, O cursèd spite, / That ever I was born to set it right!« (I,5,188–189), die ja schon seinen Untergang andeutet.

B) Mitte (II,1–IV,4)

Der zweite Handlungsbogen besteht im Wesentlichen aus den Strategien, die Rächer und Antagonist verfolgen, um ans Ziel zu kommen. In der Mitte dieses mittleren Handlungsbogens steht das von Hamlet veranstaltete ›Spiel im Spiel‹. Dadurch erhält es eine wichtige Bedeutung. Nach der Aufführung hat Hamlet keine Zweifel mehr: Claudius ist schuldig. Aber auch für Claudius ist etwas klar gewor-den: Hamlet muss sterben. So stellt diese Szene den Wendepunkt dar.

Der Wendepunkt

Nach Polonius' Tod kommt es in IV,3 zu einer Auseinandersetzung zwischen Hamlet und Claudius. Die nächste Szene – IV,4, Hamlet ist im Begriff, Dänemark zu verlassen

ominös: **ominous**
Untergang: **downfall**
Wendepunkt: **turning point**

Strukturskizze

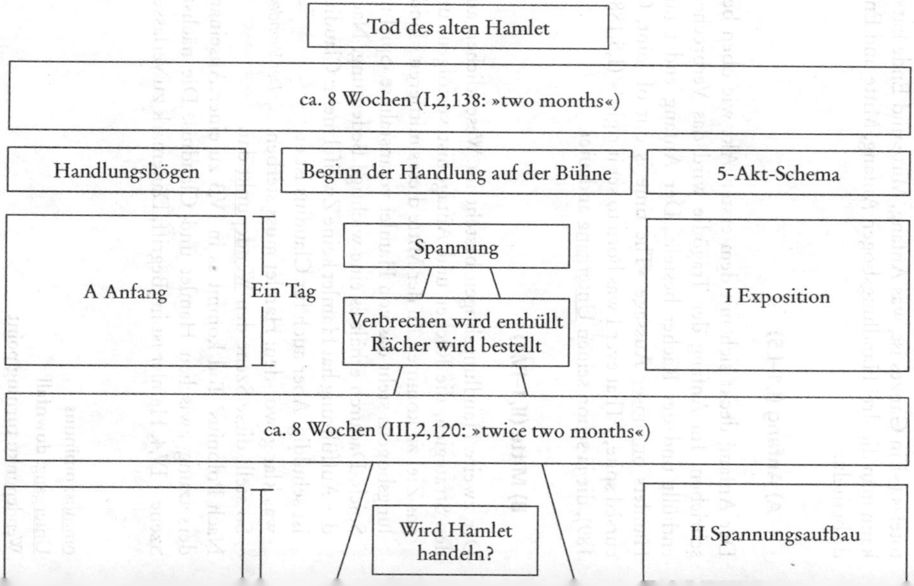

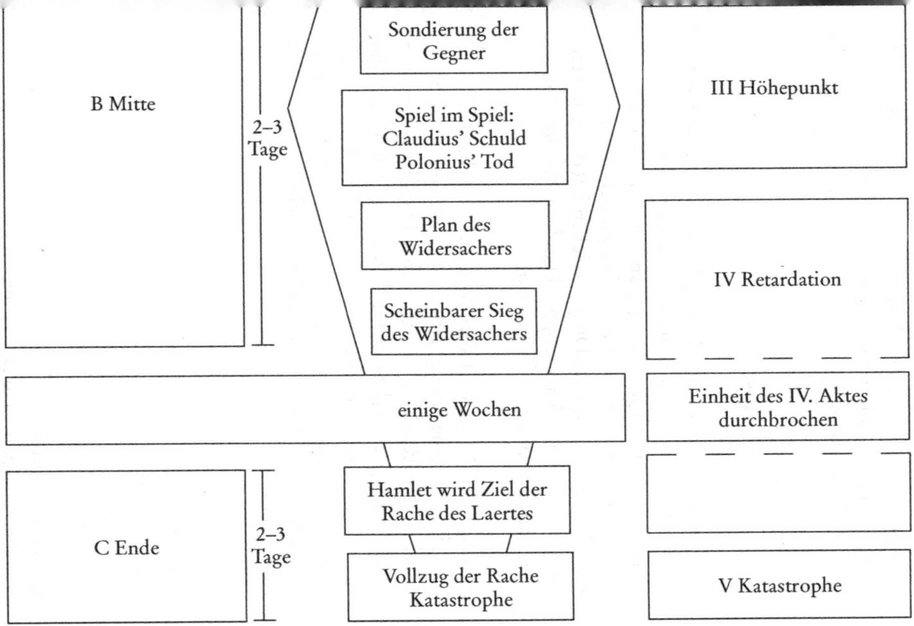
B Mitte
2–3 Tage
Sondierung der Gegner
Spiel im Spiel: Claudius' Schuld Polonius' Tod
Plan des Widersachers
Scheinbarer Sieg des Widersachers
III Höhepunkt
IV Retardation
einige Wochen
Einheit des IV. Aktes durchbrochen
C Ende
2–3 Tage
Hamlet wird Ziel der Rache des Laertes
Vollzug der Rache Katastrophe
V Katastrophe

– beendet den mittleren Handlungsbogen. Die Mitte des Dramas endet somit mit dem scheinbaren Sieg des Antagonisten: Hamlet wird nach England gebracht, wo ihn der Tod erwartet.

C) Ende (IV,5–V,2)

Das Ende beginnt mit der Rückkehr des Laertes, der sich für den Tod seines Vaters rächen will. Der Tod Ophelias verstärkt seinen Handlungsdrang, und er wird von Claudius gekonnt manipuliert. Hamlet kehrt zurück. Es kommt innerhalb kurzer Zeit zum Duell zwischen Laertes und Hamlet und somit zur Katastrophe: Hamlet tötet den Antagonisten und stirbt dabei auch selbst.

Beide Gliederungen haben Vor- und Nachteile. Für die dreiteilige Gliederung gibt es ein Hauptargument: die zeitlichen Abstände zwischen den Handlungsbögen. So lässt sie den klar erkennbaren Schnitt im Handlungsablauf zwischen IV,4 und IV,5 hervortreten. Die Einteilung in fünf Akte lässt hingegen gewisse Strukturen der Tragödie deutlicher werden (Retardation im vierten Akt, Katastrophe).

scheinbar: **apparent**
Handlungsdrang: **need to take action**

5. Sprache und dramatische Darstellung

Das Englisch der Shakespearezeit zeichnet sich durch großen Reichtum aus. Lange Zeit war Englisch eine Art Zweitsprache gewesen: Als Verkehrssprachen galten statt der Muttersprache Französisch oder Latein. Im 16. Jahrhundert setzte sich Englisch in fast allen Bereichen des Lebens durch. Es gab zum ersten Mal Übersetzungen der wichtigen literarischen Werke der Antike, und man bemühte sich bewusst darum, die eigene Sprache so zu bereichern. Ein Ergebnis dieser Entwicklung war die Tatsache, dass es für einen Sachverhalt häufig zwei oder drei Wörter gab (z. B. *royal*, *regal*, *knightly*). Das neu eingeführte Wort galt als vornehm, das ›einheimische‹ als schlicht und bodenständig. So konnte man vom Sprachgebrauch auf den Bildungsgrad oder sozialen Stand des Sprechers schließen.

Reichtum der Sprache

Dieser neue Reichtum der Sprache, das ungeheuer große Vokabular, das man auf der Bühne beliebig einsetzen konnte (später gab es durchaus Regeln, welche Wörter erlaubt waren und welche nicht), das Fehlen fester Gram-

sich durch etw. auszeichnen: to be characterised by s.th.
Verkehrssprache: language of communication; lingua franca
etw. bereichern: to enrich s.th.
vornehm: elegant; genteel
Bildungsgrad: level of education
sozialer Stand: social standing
ungeheuer groß: enormously large

matikregeln – all das sorgte für Flexibilität im sprachlichen Ausdruck und machte Shakespeares Sprachkunst erst möglich.

In *Hamlet* herrscht eine große Vielfalt an dramatischen Techniken und Stilen:

Die **förmliche Rede** wird bei Hofe gepflegt: Der König benutzt den *pluralis majestatis* (»our brother«, »our kingdom«) und verdeckt die Zwiespältigkeit seiner Aussagen mit vielen rhetorischen Mitteln, die seine Zuhörer blenden sollen; Polonius redet umständlich, schulmeisterlich und weitschweifig; der Höfling Osric benutzt eine gekünstelte Redeweise, über die sich Hamlet und Horatio lustig machen. Eine **künstliche Rhetorik** ist vor allem in den Reden des Laertes zu erkennen. Am Anfang des fünften Aktes springt Laertes ins Grab seiner Schwester und schmückt seine Wut und Trauer mit mythologischen Anspielungen aus, so dass seine Ausdrucksweise flach und unecht wirkt (V,1,233–240). Hamlet geht in seiner Erwiderung (V,I,260–270) freier mit der Sprache um und nimmt sogar Bezug auf Laertes' Redeweise: »I'll rant as well as thou« (*to rant* heißt

Flexibilität: **flexibility**
Vielfalt: **variety**
rhetorische Mittel: **rhetorical devices**
schulmeisterlich: **schoolmasterly; pedantic**
weitschweifig: **verbose; prolix**
etw. ausschmücken: **to embellish s.th.**
mythologische Anspielungen: **mythological allusions**
mit der Sprache umgehen: **to use language**

etwa ›irres Zeug reden‹). Die **lyrische Sprache** kommt vor allem in Ophelias Wahnsinnsszenen sowie in der Schilderung ihres Todes durch Gertrude zur Geltung. **Hamlets Redeweise** zeichnet sich durch eine erstaunliche Vielfalt aus. Das entspricht den vielen Rollen, die er im Laufe des Dramas einnimmt. Hamlet führt gerne die konventionelle Sprache ad absurdum. Die Komplexität seiner Gedankengänge schlägt sich in dem komplizierten Bau seiner Monologe nieder.

Hamlets Monologe

In *Hamlet* nimmt die Auseinandersetzung des Helden mit sich selbst großen Raum ein. Hamlet macht sich über den Selbstmord Gedanken; er spekuliert über ein Leben nach dem Tod; er überlegt, was es heißt, zu existieren; er wirft sich sein Zögern und seine Unfähigkeit zu handeln vor. Dies kommt am deutlichsten in den berühmten Monologen (Selbstgesprächen) zum Ausdruck. An diesen Stellen bleibt die Handlung stehen. Die Aufmerksamkeit des Publikums wird auf die Situation Hamlets, auf seine Auseinandersetzung mit sich selbst, auf seine Zweifel und innere Gespanntheit gelenkt.

Hamlet im Mittelpunkt

die konventionelle Sprache: **conventional language**
Komplexität: **complexity**
komplizierter Bau: **complicated structure**
Zweifel: **doubt**
innere Gespanntheit: **inner tensions**

»To be, or not to be, that is the question« (III,1,56–88)

»To be, or not to be« ist wohl eines der bekanntesten literarischen Zitate überhaupt. Es leitet einen Monolog ein, in dem weder Claudius noch Gertrude, weder der Geist noch ein Racheplan erwähnt werden. Es ist keine leidenschaftliche, sondern eine nachdenkliche Rede. »Sein oder nicht sein, das ist die Frage.« Aber um welche Frage geht es genau? Hamlet scheint zu fragen, ob es sich lohnt, angesichts der Mühen und Plagen des Alltags weiterzuleben und ob es nicht besser wäre, das alles zu beenden. Aber der Tod ist ein »undiscovered country, from whose bourn / No traveller returns« (III,1,79–80). Angst vor dem Selbstmord führt dazu, so Hamlets Logik, dass wir lieber die diesseitigen Übel ertragen, die wir ja kennen und an die wir uns gewöhnen können, als unbekannte Übel des Jenseits zu riskieren. In der Folge heißt es:

Sein oder nicht sein?

Thus conscience does make cowards of us all,
And thus the native hue of resolution
Is sicklied o'er with the pale cast of thought
(III,1,83–85).

literarisches Zitat: **literary quote**
nachdenklich: **thoughtful; contemplative**
angesichts der Mühen und Plagen des Alltags: **in view of the troubles and burdens of everyday life**
diesseitig: **earthly**
Übel: **ills**
Jenseits: **afterlife**

Das Denken (»conscience«) hindert uns am Handeln und macht uns zu Feiglingen. Die natürliche Entschlussfähigkeit wird durch ›des Gedankens Blässe‹ geschwächt. Angesichts von Hamlets Lage erhält diese sehr allgemein formulierte Schlussfolgerung natürlich eine besondere Pointe.

Vieles in dem Monolog entspricht dem Gedankengut des Elisabethanischen Zeitalters bzw. der Renaissance: der Tod als Schlaf ohne Träume; der Tod als eine Reise in ein unbekanntes Land, von der man nicht zurückkehrt. Hamlet philosophiert wie ein gebildeter und feinsinniger Mann der Renaissance.

»O, what a rogue and peasant slave am I!« (II,2,527–600); »How all occasions do inform against me« (IV,4,32–66)

Hamlet – ein Feigling?

Diese beiden Monologe haben eine auffällig ähnliche Struktur bzw. Funktion und unterscheiden sich in vielerlei Hinsicht von der ruhigeren Rede »To be, or not to be«. Im zweiten Akt trägt der Schauspieler auf Hamlets Bitte hin eine Rede über die Tötung des trojanischen Königs Priamus durch Pyrrhus vor, und zwar mit solcher Leidenschaft, dass Hamlet sich anschließend fragt, ob er selbst ein Feigling ist – denn der Schauspieler ist durch eine bloße »fiction«, also durch etwas Erfundenes, zu Tränen bewegt. Hamlet

Entschlussfähigkeit: **ability to make a decision**
Gedankengut: **body of thought**
Feigling: **coward**

hingegen hat wahren Grund zu handeln und zu verzweifeln: Sein Vater ist ermordet worden und seine Mutter lebt in inzestuöser Ehe mit dem Mörder. Doch weder handelt er, noch findet seine Verzweiflung angemessenen Ausdruck. Auch Fortinbras' militärischer Zug lässt Hamlet über seine Unfähigkeit zu handeln nachdenken. Der norwegische Prinz setzt um der verletzten Ehre willen seine Truppen großer Gefahr aus; Hamlets zu genaues Nachdenken hingegen hindert ihn am Handeln und macht ihn zum Feigling. Die unlogische Formulierung »Examples gross as earth exhort me« ist bezeichnend. *To exhort* bedeutet ›ermutigen‹; ein ›widerliches‹ Beispiel kann aber nicht zur Nachahmung, sondern nur zum gegenteiligen Handeln ermutigen.

Hamlets Monolog über den Schauspieler endet mit dem Entschluss, Claudius' Schuld durch das ›Spiel im Spiel‹ zu beweisen: »the play's the thing / Wherein I'll catch the conscience of the King.« Der Anblick des Norwegers Fortinbras lässt ihn wiederum schwören: »O, from this time forth, / My thoughts, be bloody, or be nothing worth!«

Beide Monologe enden also mit einem neuen Entschluss zu handeln. Sie haben eine wichtige dramatische Funktion, denn sie betonen Hamlets Grübeleien und Selbstzweifel und heben ihn als nachdenklichen Menschen hervor.

unlogisch: **illogical**
Selbstzweifel: **self-doubt**

Vers und Prosa

Wie alle Dramen Shakespeares besteht *Hamlet* aus Vers und Prosa.

Shakespeares Dramen sind nicht nur Theatertexte, sondern auch Poesie. Das vorherrschende **Versmaß** bei Shakespeare ist der jambische Pentameter. Da kein Reim vorhanden ist, spricht man vom Blankvers, einem Versmaß, das seit Mitte des 16. Jahrhunderts in Mode war. Häufige Zeilensprünge (Enjambements), interne Zäsuren, dreisilbige Versfußveränderung und andere Mittel, mit denen Shakespeare die Möglichkeiten des Versmaßes voll ausschöpft und an die Grenze zur Prosa geht, sorgen für Abwechslung und Flexibilität. Shakespeare konnte dadurch sowohl eine lebhafte, volksnahe Umgangssprache als auch eine rhetorisch ausgeschmückte, gehobene Sprache auf der Bühne zur Geltung kommen lassen.

Der Blankvers

Gut zu erkennen sind die Hebungen im folgenden Abschnitt. Marcellus kommentiert das Verschwinden des Geistes:

It fáded ón the crówing óf the cóck.
Some sáy that éver 'gáinst that séason cómes
Whereín our Sáviour's bírth is célebráted,
This bírd of dáwning síngeth áll night lóng
(I,1,157–160).

jambischer Pentameter: **iambic pentameter**
Blankvers: **blank verse**
Zeilensprung: **enjambment**
etw. ausschöpfen: **to exhaust s.th.**
volksnah: **popular; close to the people**

Prosa (das ist die nicht durch Reim und Rhythmus gebundene Rede) entspricht bei Shakespeare üblicherweise einem bestimmten Kontext. Das kann man in *Hamlet* gut erkennen. Hamlet redet in Prosa, wenn er sich an Mitglieder niedrigerer Stände wendet, zum Beispiel an die Schauspieler (III,2). Angehörige des ›einfachen Volkes‹, wie beispielsweise der Seemann (IV,6) oder die Dörfler (V,1), benutzen immer Prosa, es sei denn, sie singen gerade ein Volkslied. Prosa wird auch für komische Szenen eingesetzt oder wenn Hamlet den Wahnsinnigen spielt.

Metaphorik

Die Figuren in *Hamlet* bedienen sich einer sehr bildhaften Sprache. Abstrakte Begriffe sind eher selten. Die Metaphern lassen komplexe Vorgänge und Botschaften verständlicher und wirksamer erscheinen. Hier beschreibt der Geist die Wirkung des Gifts:

> […] swift as quicksilver it courses through
> The natural gates and alleys of the body,
> And with a sudden vigour it doth posset
> And curd, like eager droppings into milk,
> The thin and wholesome blood […]. (I,5,66–70)

In diesem Abschnitt wird beschrieben, wie das Blut des Vergifteten gerinnt. Ein Vergleich (»swift as quicksilver«)

Mitglieder niedrigerer Stände: **members of the lower classes**
bildhaft: **figurative**

betont die schnelle Ausbreitung des Mittels. Die Arterien und der Kreislauf sind zu »Toren und Gassen« geworden, das gesunde, dünnflüssige Blut selber wird durch Milch metaphorisch dargestellt. Das Bild der stockenden Milch veranschaulicht den todbringenden Gerinnungsprozess (*posset* ist übrigens ein nicht mehr gebräuchliches Wort, es bedeutet gleichzeitig ›stocken‹ und bezeichnet eine nahrhafte, dem Elisabethanischen Publikum gut bekannte Zubereitung aus gestockter Milch).

Metaphern der Krankheit und Verwesung

Es herrscht eine große Vielfalt an Bildern in *Hamlet*, aber eine deutliche Tendenz lässt sich beobachten: Bilder der Krankheit und Verwesung dominieren. Der Wachposten Francisco ist gleich zu Anfang des Dramas »sick at heart« (I,1,9); Marcellus bemerkt nach dem ominösen Erscheinen des Geistes »Something is rotten in the state of Denmark« (I,4,90); Hamlet spricht von der ganzen Welt als einem »unweeded garden« (I,2,135–136); Laertes warnt seine Schwester Ophelia vor »contagious blastments« (I,3,42), also vor schädlichen ›Versengungen‹, womit wohl Geschlechtskrankheiten gemeint sind. Hamlet liefert ein beeindruckendes Bild von Verfall und Fäulnis, in dem er Polo-

Arterie: **artery**
Kreislauf: **circulation**
stocken: **to curdle**
nahrhaft: **nourishing**
Krankheit: **sickness; disease**
Verwesung: **decomposition**
Geschlechtskrankheit: **sexually transmitted disease**
Verfall: **decay**
Fäulnis: **rottenness; putrefaction**

nius gegenüber über die Sonne spricht, die »in einem toten Hunde Maden hervorbrütet« (II,2,180 ff.); und der Totengräber beschwert sich, dass heutzutage viele Leichen so verseucht sind, dass sie schon vor der Beisetzung fast auseinanderfallen (V,1,149). Auch Hamlets schockierende Bemerkung über den toten Polonius, er befinde sich nicht, wo er isst, sondern wo er gegessen wird, nämlich von Würmern (IV,3,19 ff.), gehört in diesen Zusammenhang. Sogar die Liebe steht im Zeichen des allgemeinen moralischen Verfalls. Gertrudes inzestuöse Verbindung ist in Hamlets Augen

[...] an act
That blurs the grace and blush of modesty,
[...] takes off the rose
From the fair forehead of an innocent love
And sets a blister there. (III,4,39–43)

Mit *blister* ist eine Brandmalblase gemeint, mit der im Elisabethanischen Zeitalter Huren gekennzeichnet wurden. Das politische Leben am Hofe ist von Intrigen geprägt; die Liebe ähnelt eher Prostitution. Eine echte, unschuldige, romantische Liebe – man denkt an Hamlets Liebe zu Ophelia, die an Polonius' Intrigen zu Grunde geht – ist in dieser vergifteten Umwelt zu einem Ding der Unmöglichkeit geworden.

Unmöglichkeit echter Liebe

moralischer Verfall: **moral decline**
Intrige: **intrigue**
unschuldige, romantische Liebe: **innocent, romantic love**
Ding der Unmöglichkeit: **impossibility**

6. Interpretation

Laut der *Poetik* des Aristoteles (384–322 v. Chr.) besteht die Funktion einer Tragödie darin, im Publikum Mitleid, Furcht und Schrecken zu erzeugen, um die Seele der Zuschauer von Leidenschaften zu läutern (griech. *káthарsis*).

Die Hamartie

Grund für die Verwicklung in der Tragödie ist laut Aristoteles die sogenannte Hamartie (griech. ›Irrtum‹), also eine Fehleinschätzung oder Verkennung der Situation durch den tragischen Helden. Dieses Fehlurteil, sei es aus Unwissenheit oder mangelnder Reflexion, bringt ein Fehlverhalten mit sich, das zur Katastrophe führt.

Nehmen wir an, Hamlet würde aus christlicher Überzeugung seinem Onkel verzeihen und den Racheaufruf des Geistes ignorieren. Dann hätten wir keine Handlung. Ebenso verhält es sich, wenn wir uns Hamlet als blutrünstigen Metzger vorstellen, der sofort loszieht, um Claudius niederzumetzeln. Es geht in der Tragödie *Hamlet* darum, dass Hamlet nicht töten möchte, es aber nicht erträgt, nicht zu handeln. Darin besteht die »Hamartie« Hamlets, und nur so ergibt sich eine Rachetragödie von solcher Komplexität.

Mitleid: **pity**
etw. läutern: **to purify s.th.**
Fehleinschätzung: **misjudgement**
Unwissenheit: **ignorance**
jdn. niedermetzeln: **to massacre s.o.**

Rache und Ehre

Der englische Philosoph Francis Bacon (1516–1626) verurteilte (in seinem Aufsatz *On Revenge*, 1625) die Rache als »a kind of wild justice«, also als eine Art wilde Justiz, die jedem Rechtsempfinden ein Dorn im Auge sein müsse. Die christliche Kirche war der Auffassung, Rache sei die Sache Gottes, was aus mehreren Bibelstellen abgeleitet werden kann. Der alttestamentarische Gott beansprucht die Rache für sich: »Die Rache ist mein, ich will vergelten« (5. Mose 32,35). Paulus nimmt in seinem Brief an die Römer auf diese Stelle Bezug und fordert: »Rächt euch nicht selbst, meine Lieben, sondern gebt Raum dem Zorn Gottes« (Röm 12,19). Daher gilt nach christlicher Auffassung der Verzicht auf Rache als tugendhaft und edel.

Der christliche Racheverzicht

Dem Elisabethanischen Ehrenkodex zufolge ist hingegen die Familienehre oberstes Gebot. Um diese Ehre zu schützen, ist es selbstverständlich – ja es ist eine hohe Pflicht –, bei Verletzungen der Ehre die Sache selbst in die Hand zu nehmen und sich zu rächen. Diese Vorstellung entspricht dem archaischen Sippenrecht der Blutrache. Ein Sohn *muss* sei-

Der Elisabethanische Ehrenkodex

Rechtsempfinden: **sense of justice**
alttestamentarischer Gott: **Old Testament God**
Verzicht auf etw.: **renunciation of s.th.**
tugendhaft: **virtuous**
edel: **noble**
archaisch: **archaic**
Sippenrecht: **clan law**
Blutrache: **blood feud**

nen Vater rächen, denn wenn man die Ehre verliert, verliert man auch alle anderen Werte: Ehre verloren, alles verloren. Nach einem Akt der Beleidigung – sei es eine beleidigende Äußerung oder eine Handlung oder, wie in *Hamlet*, sogar ein Mord – steht der Entehrte unter dem Zwang, seine Ehre wiederherzustellen. Das wird mit Waffen entschieden, wobei zwei Formen der Vergeltung möglich sind: Blutrache, die ältere und primitivere Form, und das Duell. Beide Formen kommen in *Hamlet* vor.

In *Hamlet* treffen diese beiden Auffassungen, der christliche Racheverzicht und der Ehrenkodex, aufeinander. Laertes und Fortinbras handeln einem Ehrenkodex zufolge und stellen diesen niemals in Frage. Die Regeln und Normen, die sie kennengelernt haben – am Hofe, in der Familie –, reichen zur Wiederherstellung der Familienehre völlig aus und werden blind befolgt. Fortinbras opfert nur um der militärischen Vergeltung willen das Leben unzähliger Soldaten; Laertes ist geradezu besessen davon, seine verletzte Familienehre wiederherzustellen und den Tod zweier Familienmitglieder zu vergelten.

Für Hamlet ist die Lage wesentlich komplizierter. Er weiß, dass auch eine Kleinigkeit zu einem Streit führen kann, wenn die Ehre auf dem Spiel steht:

> [...] Rightly to be great
> Is not to stir without great argument,
> But greatly to find quarrel in a straw
> When honour's at the stake (IV,4,53–56),

Entehrter: **s.o. who has been dishonoured**
etw. wiederherstellen: **to restore s.th.**
aufeinandertreffen: hier: **to come into conflict**

aber im Gegensatz zu Laertes und Fortinbras kann er nicht ohne weiteres handeln.

Das hat verschiedene Gründe: Die Schwierigkeiten Hamlets, dem Ruf nach Rache ohne Zögern zu folgen, beginnen zum Teil mit dem Racheaufruf selbst. Der Geist berichtet Hamlet Ungeheuerliches und spricht einen primitiven Instinkt an: das Band zwischen Vater und Sohn. Er appelliert an die Treue und Liebe und an das Pflichtgefühl seines Sohnes. Aber sein Aufruf ist voller Widersprüche. Er redet wie ein Christ und hält an christlichen Moralvorstellungen fest; gleichzeitig fordert er Hamlet dazu auf, eine Sünde zu begehen. Einerseits fordert er: »Revenge his foul and most unnatural murder« (I,5,25), andererseits: »Taint not thy mind« (I,5,85). Den ermordeten Vater rächen und sich dabei nicht beflecken: Das sind zwei unvereinbare Mahnungen.

Widersprüchliche Botschaft des Geistes

Zwiespältigkeit der Rache

Was der Geist von Hamlet fordert, ist schnelles Handeln ohne Rücksicht auf Gewissensbisse und moralische Bedenken. Hamlet soll dem alten Ehrenkodex Genüge tun; gleichzeitig ist der Geist ein Beweis dafür, dass es die Qualen des Purga-

primitiver Instinkt: **primitive instinct**
an etw. appellieren: **to appeal to s.th.**
einerseits … andererseits: **on the one hand … on the other hand**
unvereinbar: **irreconcilable**
Gewissensbisse: **qualms**
einer Sache Genüge tun: **to satisfy s.th.**

toriums – das ist der Ort der Läuterung, in dem Sünder büßen können, bevor sie in das Reich Gottes gelangen – tatsächlich gibt. Hamlet fragt sich zu Recht, ob die Erscheinung ein Teufel gewesen sei (II,2,576–577), der ihn zu einer unmoralischen Tat verführen möchte. Die Rache ist ambivalent: Die Tat, die Hamlet begehen soll, ist gerecht *und* abscheulich. Er wird vom Himmel *und* von der Hölle dazu angetrieben (II,2,562). Das ›Spiel im Spiel‹, mit dem sich Hamlet von Claudius' Schuld überzeugen will, ist eine Taktik, dieser Unsicherheit entgegenzuwirken. Er will Gewissheit haben und sicher sein, dass der Geist kein Trugbild war.

Himmel und Hölle

Hamlets Zögern

Der Geist schickt widersprüchliche Signale an Hamlet. Das allein erklärt Hamlets Dilemma jedoch nicht. Hamlet ist schon vor der Botschaft des Geistes als entschlossener Rächer denkbar ungeeignet. Das hängt mit seinem Charakter zusammen. Er kommt mit dem Tod seines Vaters nicht zurecht und verfällt in Grübeleien; er ist kein Laertes, der seine Energien ziellos der Rache widmet; Hamlet ist kein Mann der Tat. Zwar möchte er vom Geist, als dieser von Mord redet, möglichst gleich erfahren, gegen wen er seinen Rachezug richten soll; aber seine Ausdrucksweise verrät seine innere Unsicherheit in dieser Sache:

gerecht: **just**
abscheulich: **reprehensible**
Trugbild: **mirage; illusion**
widersprüchlich: **contradictory**
Ausdrucksweise: **wording; way of expressing oneself**

Haste me to know't, that I with wings as swift
As meditation or the thoughts of love,
May sweep to my revenge. (I,5,29–31)

Mit »Flügeln schnell wie Denken oder wie die Regungen der Liebe« stürzt sich der wahre Racheheld nicht ins Geschäft, da wären Pfeile oder Schwerter angebrachter.

Zögert Hamlet?

Zwischen der ersten Ahnung vom Verlust der Ehre und der ausgeführten Rache in der letzten Szene liegt eine Zeit des Zweifelns und Zögerns. Viele Kritiker haben gefragt, ob Hamlet überhaupt zögert, und weisen darauf hin, dass es nicht einfach ist, einen König zu töten, der von Wachen umgeben ist. Und kann Hamlet gleich handeln, wenn er nicht weiß, ob das, was ihm der Geist berichtet hat, überhaupt wahr ist? Wer würde nach vollendeter Tat dem jungen Prinzen, dem Mörder des rechtmäßigen Thronfolgers, seines Onkels, die merkwürdige Geschichte glauben?

Solche Fragen sind natürlich Gedankenspiele. Hamlets Zögern *ist* ein zentrales Thema des Dramas. Hamlet äußert sich selbst an mehreren Stellen zu seinem Zögern und Zaudern: »I do not know / Why yet I live to say ›This things's to do‹« (IV,4,43–44). In den Monologen spricht Hamlet wiederholt über das, was noch getan werden muss. Er selbst weiß nicht, warum er zögert. *Hamlet* ist ein Drama, in dem

Kritiker: **critic**
Wache: **guard**
merkwürdig: **curious**
Gedankenspiel: **mind game; theoretical consideration**
wiederholt: **repeatedly**

die Hauptfigur zum Handeln aufgefordert ist, aber hauptsächlich dadurch auffällt, dass sie *nicht* handelt und auch noch darüber redet, dass sie *nicht* handelt. Wie entschlossen wirkt im Gegensatz dazu Laertes' Handlungsbereitschaft, der gerade in Helsingör angekommen ist, nachdem er vom Tod seines Vaters erfahren hat:

Laertes' Handlungsbereitschaft

I dare damnation. To this point I stand,
That both the worlds I give to negligence,
Let come what comes, only I'll be revenged
Most thoroughly for my father. (IV,5,131–134)

Solange er ›gründlich‹ Rache üben kann, nimmt er sogar ewige Verdammnis in Kauf. Auf Claudius' Frage hin, wie er sich als seines Vaters Sohn erweisen möchte – das heißt, wie er die Familienehre wiederherstellen möchte –, antwortet Laertes unvermittelt, er wolle Hamlet gleich die Kehle durchschneiden (IV,7,125). Angesichts einer solchen Handlungsbereitschaft fällt Hamlets Zögern umso mehr auf.

Hamlet ist in vielerlei Hinsicht eine echte Rachetragödie. Es kommen darin Geistererscheinungen vor, wie in vielen Rachetragödien seit der Antike; die Handlung wird von Bluttaten und ihrer Vergeltung bestimmt, wie es das Elisabethanische Publikum liebte – aber *Hamlet* ist auch wesentlich anders. Der junge Prinz denkt über die ethischen Implikationen seines Handelns nach. Um die Ehre wieder-

unvermittelt: **abruptly**
jdm. die Kehle durchschneiden: **to cut s.o.'s throat**

herzustellen, muss er eine Tat begehen, die er selbst verurteilen würde. Das Ergebnis ist eine Rachetragödie, die wesentlich komplexer und tiefsinniger ist als alle vorausgegangenen.

Der ungebeichtete Tod

An einer entscheidenden Stelle des Dramas (III,3) hat Hamlet die Gelegenheit, Claudius zu töten, kann die Rache aber nicht vollziehen, und zwar aus Gründen, die heute nur schwer nachvollziehbar erscheinen. Claudius ist im Gebet vertieft und völlig wehrlos. Hamlet, der sein Schwert gezückt hat, kann ihn in dieser Situation aber nicht töten: die Seele des im reuevollen Gebet Getöteten würde sofort in den Himmel gelangen. Hamlet will aber endgültige und ewige Verdammnis für Claudius; er will ihn in die Hölle schicken, wo ihn ewige Qualen erwarten.

Eine Horrorvorstellung

Ungebeichtet zu sterben war im Elisabethanischen Zeitalter, wie auch für viele Gläubige heute, eine Horrorvorstellung. In *Hamlet* wird dies immer wieder thematisiert. Laertes verflucht Hamlet: »The devil take thy soul!« (V,1,244); Claudius tötet seinen Bruder ohne letzte Ölung; und Hamlet schickt Rosencrantz und Guildenstern in den sicheren

tiefsinnig: **profound**
entscheidend: **decisive**
reuevoll: **repentant**
Verdammnis: **damnation**
ungebeichtet: **unshriven**

Tod »not shriving-time allowed«. Schon im 18. Jahrhundert versuchte man, Hamlets Entscheidung, Claudius noch zu schonen, wegzuerklären, indem man behauptet hat, seine Überlegungen seien nur ein Vorwand und ein weiteres Symptom für seine Untätigkeit. Aber für das Elisabethanische Publikum war Hamlets Schlussfolgerung völlig logisch. Die Zuschauer kannten und genossen viele Geschichten über Abtrünnige und Sünder, die in der Hölle ewige Qualen erleiden müssen. Es gehörte auch zur Gattung der Rachetragödie, dass der Rächer seinem Gegner ein solches Ende wünscht. Thomas Kyds *Spanish Tragedy* endet mit dem Versprechen einer neuen ›endlosen Tragödie‹ für die getöteten Bösewichte in der Unterwelt.

Hamlet will sich rächen, er hat im Privatgemach des Königs die Gelegenheit dazu, seine Wut und seine Handlungsbereitschaft haben nach dem ›Spiel im Spiel‹ einen Höhepunkt erreicht (»now could I drink hot blood«, III,2,368), und nun sind es die Forderungen der Rache selbst, welche die Ausübung der Rache verhindern. Denn was wäre das für eine Rache, wenn die geläuterte Seele des reumütigen Königs alsbald gen Himmel aufführe? Wir erleben hier also keinen aus Unentschlossenheit zögernden Hamlet, sondern den grausamen und berechnenden Hamlet. Indem er den Rachevollzug auf einen späteren Zeitpunkt verschiebt, verrät er seinen tiefen Hass gegen Claudius und den unbedingten Willen, seiner Seele ewige Verdammnis zu bescheren. Das ist wiederum höchst ironisch, denn Hamlet

Forderungen der Rache

Abtrünniger: **apostate**
reumütig: **remorseful**

wird gerade dadurch am Rachevollzug gehindert. Es ist ein Beweis für Shakespeares kunstvolle Gestaltung des Dramas, dass diese spannungsgeladene Szene am Höhepunkt der Handlung stattfindet.

spannungsgeladen: full of suspense

7. Autor und Zeit

Man weiß relativ viel über Shakespeare, mehr als über die meisten anderen Dichter seiner Zeit. Zur Erforschung seines Lebens ist man auf Nennungen in Urkunden, in Steuerunterlagen und Gerichtsverhandlungen, auf Erwähnungen in den Büchern seiner Zeitgenossen angewiesen. Aus all diesen Materialien (es werden übrigens immer noch neue Quellen entdeckt) ergibt sich folgende Biographie:

Was wissen wir über Shakespeare?

Shakespeares genaues Geburtsdatum ist nicht bekannt. Getauft wird er am 26. April 1564 in Stratford-upon-Avon, und so hat man sich auf den 23. April geeinigt, da es damals üblich war, dass nur einige Tage zwischen Geburt und Taufe liegen. Shakespeares Vater John fungiert als Ratsherr und Bürgermeister. Shakespeare besucht höchstwahrscheinlich die örtliche Grammar School (»Lateinschule«). Dort wird er in der Literatur der Antike und in der Mythologie des klassischen Altertums sehr gründlich unterrichtet. Moderne Sprachen stehen jedoch nicht im Lehrplan. Die Schule verlässt Shakespeare wohl mit fünfzehn Jahren.

Klassische Literatur und Mythologie

Urkunde: **certificate; document**
auf etw. angewiesen sein: **to be dependent on s.th.**
getauft: **baptized**
Ratsherr: **alderman**
höchstwahrscheinlich: **in all probability**
gründlich: **thoroughly**

Ende 1582, im Alter von achtzehn Jahren, heiratet er Anne Hathaway, im Mai 1583 kommt die erste Tochter Susanna zur Welt. Die Zwillinge Hamnet und Judith werden am 2. Februar 1585 getauft. Hamnet stirbt 1596.

Man weiß nicht genau, wo sich Shakespeare zwischen 1585 und 1592 aufhält. Es scheint möglich, dass er 1587 einer reisenden Theatertruppe (*The Queen's Men*) beitritt, die sich gerade in Stratford aufhält. So gelangt er nach London.

1592 ist Shakespeare eine bekannte Größe in der Theaterwelt – das weiß man, weil sich ein Konkurrent schriftlich über ihn auslässt – und hat wohl seine ersten Komödien und Historien geschrieben. 1593 und 1594 wütet die Pest, so dass die Theater geschlossen werden müssen.

Lyrisches Werk

Während dieser Zeit wendet sich Shakespeare der Lyrik zu. Es erscheinen die Gedichte *Venus and Adonis* und *The Rape of Lucrece*. Zwischen 1593 und 1596 werden wohl auch die meisten Sonette verfasst. 1596 wird Shakespeares Vater ein Wappen zugesprochen, was William automatisch den Status eines *gentleman* einbringt.

1595 tritt Shakespeare der Theatergruppe *The Chamberlain's Men* bei (ein *Chamberlain* ist ein hoher Hofbeamter), die bei Hofe spielen darf.

Theatertruppe The Chamberlain's Men

Bis zum Ende seines Arbeitslebens bleibt er bei dieser Gruppe, eine damals einzigartige Beziehung. Vermutlich muss Shakespeare jährlich zwei Theaterstücke liefern.

sich über jdn. auslassen: **to go on about s.o.**
die Pest: **the Plague**
Arbeitsleben: **working life**
vermutlich: **presumably**

1603 stirbt Königin Elisabeth I., kurz darauf wird der kunstsinnige König James I. sogar Teilhaber an Shakespeares Theatertruppe und lässt sie in *The King's Men* umbenennen. Ab etwa 1609 schreibt Shakespeare weniger und pflegt zunehmend seine Kontakte in Stratford. Shakespeare ist im Alter wohlhabend genug, um dort ein Haus und Ländereien zu kaufen. Etwa 1611 zieht er sich dorthin zurück. Sein Testament verfasst er im März 1616. Er stirbt am 23. April 1616 und wird am 25. April in der Stratforder Pfarrkirche beigesetzt.

Shakespeares Persönlichkeit

Über Shakespeares Persönlichkeit kann man aus zwei Gründen nur spekulieren. Erstens sind die überlieferten Dokumente zu banal und betreffen fast ausschließlich alltägliche Angelegenheiten. Zweitens liefern die Dramen und Gedichte nur bedingt Einblicke in Shakespeares Innenleben. Laut einem Sonett Shakespeares (111) besteht der Erfolg eines Schriftstellers gerade darin, dass er sich in seinem Werk nicht offenbart.

Shakespeares Zeitgenossen mochten ihn und nannten ihn häufig *sweet*, was sich aber auch auf seinen Schreibstil beziehen könnte. Er war wohl sehr diszipliniert, gebildet und

kunstsinnig: **artistically interested**
wohlhabend: **well-off; prosperous**
Testament: **will**
Persönlichkeit: **personality**
banal: **banal**
sich offenbaren: **reveal itself/oneself**
diszipliniert: **disciplined**

zielstrebig. Seine finanziellen Angelegenheiten erledigte er mit größter Vorsicht: Er hoffte, einen Teil seines Vermögens seinen Nachkommen hinterlassen zu können. Wenn man die Sonette heranzieht, entsteht auch das Bild eines leidenschaftlichen Liebhabers. Auch in den Dramen ist die Sexualität immer wieder spürbar. Als Gegengewicht zur leidenschaftlichen Seite Shakespeares muss man große Selbstbeherrschung und Disziplin annehmen – Eigenschaften, denen wir letztendlich sein großartiges Werk verdanken.

Verfasserschaftstheorien

Hat Shakespeare seine Werke selbst geschrieben?

Immer wieder wird behauptet, Shakespeare sei nicht der wahre Verfasser der ihm zugeschriebenen Stücke, sie seien in Wirklichkeit vom Philosophen Sir Francis Bacon, vom Dichter Christopher Marlowe oder sogar von der Königin Elisabeth I. geschrieben worden. Solche kaum ernst zu nehmenden Theorien haben zwei Hintergründe. Erstens hielt man es für unmöglich, dass ein Junge vom Land, der eine vermeintlich bescheidene Ausbildung (ohne Universitätsabschluss) genossen hatte, ein solches Gesamtwerk produzieren konnte. Die Stücke

zielstrebig: **single-minded**
finanzielle Angelegenheiten: **financial affairs**
etw. heranziehen: hier: **consider s.th.**
Sexualität: **sexuality**
jdm. etw. verdanken: **to owe s.o. s.th.**
jdm. etw. zuschreiben: **to attribute s.th. to s.o.**
kaum ernst zu nehmend: **hardly worthy of serious consideration**

müssten also von anonymen *university men* geschrieben worden sein; Shakespeare selbst habe seinem Stande gemäß nur die derberen Partien beigesteuert. Zweitens könne Shakespeares Gesamtwerk unmöglich von einem einzigen Menschen stammen, es sei dafür zu großartig, seine poetischen Qualitäten zu überragend.

So abwegig solche Theorien auch sind – warum bestätigen so viele seiner Zeitgenossen, dass er seine Werke geschrieben hat, und warum gibt es keinen einzigen Zeitgenossen, der Shakespeare als Urheber in Frage stellt? –, so ist jedoch ein Kern der Wahrheit darin enthalten. Neuesten Erkenntnissen zufolge war Zusammenarbeit unter Dichtern durchaus üblich. Der große Bedarf an Texten machte es zuweilen erforderlich, dass Schriftsteller Projekte gemeinsam[2] fertig stellten. Es wird geschätzt, dass zu Shakespeares Zeiten mehr als die Hälfte aller für das Theater geschriebenen Stücke mehr als einen Autor hatten. Inwiefern dies auf Shakespeare selbst zutrifft, bleibt offen. Jedenfalls war Shakespeare kein Übermensch, sondern, wie seine Zeitgenossen, wohl ein pragmatischer Profi. Theaterstücke mussten oft schnell geschrieben werden und entstanden daher zum Teil aus anderen Theaterstücken. Jedenfalls sind Nachforschungen in diese Richtung sinnvoller als Spekulationen über Shakespeares ›wahre‹ Identität.

anonym: **anonymous**
die derberen Partien: **the more vulgar sections**
neuesten Erkenntnissen zufolge: **according to the latest research**
schätzen: **to estimate**

Hauptwerke

Die Historien

In der zweiten Hälfte des 16. Jahrhunderts waren historische Dramen sehr beliebt. Der Aufstieg Englands im 16. Jahrhundert wurde gefeiert: Nach der Reformation, nach erfolgreich beendeten Kriegen gegen andere europäische Nationen, besonders gegen die Spanier, wollte das Publikum ein neues Nationalbewusstsein auch auf der Bühne sehen. Shakespeares *history plays* erstrecken sich zurück bis zur Entmachtung Richards II. im Jahre 1399 und enden mit der Krönung Heinrichs VII. im Jahre 1485 (Ende des sogenannten Rosenkrieges). Somit wird der Weg aus den Wirren des Rosenkrieges bis zum ersten König aus dem Hause Tudor gefeiert und indirekt Elisabeth I. als Heilsbringerin nach Jahren der Kriegswirren und blutiger Intrigen bestätigt.

King Henry VI, 1590–92
King Richard III, 1592/93
King John, 1594–97
King Richard II, 1595
King Henry IV, 1596/97

Die sogenannten ›Römerdramen‹ (*Julius Caesar*, 1599, und *Antony and Cleopatra*, 1606) befassen sich auch mit Herr-

Nationalbewusstsein: **patriotism**
Entmachtung: **deposition**
Rosenkrieg: **The War of the Roses**

William Shakespeare
(sogenanntes Chandos-Porträt, National Portrait Gallery, London)

schern, sind aber keine *history plays*. Shakespeare ließ sich durch die Schriften Plutarchs dazu inspirieren. Im Mittelpunkt steht der Charakter der Herrscherfiguren.

Die Komödien

Die Komödie gilt schon seit der Antike als eine minderwertige dramatische Form. Für die Komödie spricht eigentlich nur der didaktische Aspekt, so die Kritiker. Shakespeares Komödien wollen aber nicht belehren. Es sind fast immer Liebesgeschichten. Shakespeare orientierte sich an Komödien der griechischen Tradition. Auch italienische Stoffe wurden herangezogen (zum Beispiel Boccaccios *Decameron*), und in *A Midsummer Night's Dream* stammt der Stoff zum Teil aus dem Volksglauben. Shakespeares Komödien spielen fast immer an einem exotischen Ort: an der »böhmischen Küste« (*Twelfth Night*), die es bekanntlich nicht gibt, in Athen (*A Midsummer Night's Dream*) oder Italien (*Much Ado About Nothing*). Es kommen Verwechslungen und Missverständnisse vor und bringen das Publikum zum Lachen; Zwillinge werden getrennt und finden sich wieder (*The Comedy of Errors*, *Twelfth Night*). Gewöhnlicherweise spielt ein Teil der Handlung in einer utopischen, idyllischen Welt.

sich durch etw. inspirieren lassen: **to be inspired by s.th.**
minderwertig: **inferior**
Volksglaube: **popular beliefs**
Verwechslung: **confusion; mix-up**
Missverständnis: **misunderstanding**

Love's Labour's Lost, 1593–94
The Comedy of Errors, 1594
A Midsummer Night's Dream, 1595
As You Like It, 1599
The Merchant of Venice, 1596–97
Much Ado About Nothing, 1598
Twelfth Night, 1601

Die Tragödien

Im Mittelpunkt der Tragödien Shakespeares steht der Mensch: Im Vergleich zu antiken Vorbildern spielen die Götter nur eine untergeordnete Rolle. Shakespeare legt damit nahe, dass nicht das Schicksal, sondern der Charakter und die Handlungen eines Individuums zur Katastrophe führen.

Hamlet, 1600–01
Othello, 1603–04
King Lear, 1605–06
Timon of Athens, 1605
Macbeth, 1606

Die Sonette

Shakespeares 154 Sonette, 1609 im Druck erschienen, sind sein bedeutendster Beitrag zur Lyrik. Die Liebessonette sind in aller Welt geschätzt und in viele Sprachen übersetzt worden. Ein Sonett folgt einer genau festgelegten Form, die in

untergeordnet: hier: **secondary**
bedeutend: hier: **significant**

Italien im 13. Jahrhundert entstanden ist. Die Beherrschung dieser strengen Form gilt als Nachweis höchsten dichterischen Könnens. Ein Sonett besteht aus 14 Zeilen. Während die Sonette Petrarcas aus einem Oktett und einem Sextett bestehen, weisen Shakespeares Sonette – mit Ausnahme des 126. Sonetts – drei Quartette und einen Zweizeiler auf.

Die 154 Sonette kann man grob gliedern. Die ersten 17 Sonette sind an einen »Fair youth« adressiert und drängen ihn dazu, zu heiraten und einen Erben zu zeugen. Die folgenden Sonette, bis zum 126., beleuchten verschiedene Aspekte der Beziehung zu diesem Mann: die gegenseitige Liebe wird gefeiert (was zu Spekulationen über Shakespeares Sexualität geführt hat); es wird über die Sterblichkeit gedichtet; es kommt wegen einer Beziehung zu einem konkurrierenden Poeten Eifersucht auf. In den Sonetten 127–154 geht es um eine sogenannte »dark lady«, die schwarze Augen, schwarzes Haar und einen dunklen Teint hat. Sie wird unter anderem als Tyrannin und Ehebrecherin charakterisiert und übt eine große erotische Anziehungskraft auf den Dichter aus.

Shakespeares Sonette sind höchst kunstvolle lyrische Produkte. Es hat wenig Sinn, sie in Verbindung mit Shakespeares Biografie zu bringen. Sie thematisieren rätselhafte, unaussprechliche Sehnsüchte, die im Rahmen eines kunstvollen Spiels mit der Sprache poetisch zur Geltung kommen.

zeugen: **to beget**
Eifersucht: **jealousy**
Tyrannin: **tyrant**
Ehebrecherin: **adulteress**
erotische Anziehungskraft: **erotic attraction**
unaussprechlich: **ineffable; unutterable**

8. Rezeption

Die Rezeption eines Dramas meint dessen Wirkung auf den Leser, auf das Theaterpublikum und nicht zuletzt auf die Kritiker. Kaum ein anderes Stück der Weltliteratur hat Literaten, Kritiker und Literaturwissenschaftler so nachhaltig fasziniert und beschäftigt wie Shakespeares *Hamlet*. Das liegt zum einen daran, dass die Themen in *Hamlet* zeitlose Themen sind, auch über kulturelle Grenzen hinweg: Rache, Ehre, Familie. Zum anderen enthält das Stück viele unlösbare Rätsel. Ein kleines Beispiel:

Stück voller Rätsel

In III,1 fordert Hamlet Ophelia wiederholt auf, sich in ein *nunnery*, also ins Kloster zu begeben. Doch was meint Hamlet mit *nunnery*? Meint er nur ein Kloster, in das Ophelia sich vor der Ehe retten soll? Oder schwingt die Nebenbedeutung ›Bordell‹ mit, so dass Hamlet hier Ophelia nur scheinbar einen Ratschlag erteilt, während er sie in Wirklichkeit beleidigt? Hier und in ähnlichen Fällen gibt es keine eindeutige Antwort.

Bis ins späte 20. Jahrhundert galt das Hauptaugenmerk der Kritiker dem Charakter Hamlets. Häufig ging es um die Frage, warum Hamlet zögert, aber auch um die Frage, *ob* er überhaupt zögert. Der Romantiker Samuel Taylor Coleridge (1772–1834) war gerade von Hamlets Nicht-Handeln fasziniert, von seiner Trägheit und Unentschlossenheit.

nachhaltig: **sustained; for a long time**
über kulturelle Grenzen hinweg: **beyond cultural borders**
Nebenbedeutung: **secondary meaning**
Hauptaugenmerk: **main focus of attention**

Psychoanalytische Deutung

Psychoanalytiker weisen auf Hamlets problematische Beziehung zur Mutter hin. Grundlegend ist die Hamlet-Interpretation Sigmund Freuds, des Begründers der Psychoanalyse. Hamlet ist Freud zufolge sehr wohl des Handelns fähig. Er tötet den Lauscher hinter der Tapete rasch und ohne zu zögern, und er schickt auch Rosencrantz und Guildenstern in den Tod. Was er nicht vollziehen kann, ist die Rache an dem Mann, der »seinen Vater beseitigt und bei seiner Mutter dessen Stelle eingenommen hat, an dem Mann, der ihm die Realisierung seiner verdrängten Kinderwünsche zeigt.«[3] Dieser psychoanalytische Ansatz geht vom sogenannten Ödipus-Komplex aus, bei dem eine starke Bindung des Knaben an die Mutter herrscht und ein geheimer Wunsch, den Vater zu töten, das Handeln des Individuums beeinflusst. Laut Freud gehört Hamlets Ekel vor der Sexualität, der in der Szene mit Ophelia zum Ausdruck kommt, in diesen Zusammenhang. Der psychoanalytische Ansatz gilt für viele als überholt, unter anderem, weil die Figuren eines literarischen Werkes dabei wie Patienten behandelt werden.

Marxistische Kritiker waren sich nicht einig: Einige sahen Hamlet als Revolutionär, andere als gescheiterten, weil wirkungslosen, bürgerlichen Intellektuellen. Auch der Feminismus hat sich mit *Hamlet* beschäftigt und das Leiden Ophelias hervorgehoben, die als Opfer patriarchalischer Strukturen gilt.

Psychoanalytiker: **psychoanalyst**
Psychoanalyse: **psychoanalysis**
Feminismus: **feminism**
Opfer patriarchalischer Strukturen: **victim of patriarchal structures**

Wirkung in Deutschland

Die Hamlet-Rezeption in Deutschland setzt im 18. Jahrhundert ein. Die Dichter des Sturm und Drang hielten Shakespeare für das schöpferische Genie schlechthin. Der Melancholiker und Schwärmer Hamlet wurde neben Faust zum Inbegriff des deutschen Charakters. Berühmt geworden ist Goethes Urteil aus *Wilhelm Meisters Lehrjahre*, Hamlet tue das Naheliegende nicht, weil seine Seele für eine solche Tat zu schwach und zu delikat sei: Die Forderung des Schicksals übersteigt die Kräfte des Betroffenen.[4] Hamlet erschien anderen wiederum als abschreckendes Beispiel politischer Untätigkeit. Bemerkenswert ist Ferdinand Freiligraths (1810–1876) allegorisches Gedicht *Deutschland ist Hamlet* (1844), in dem »die begrabene Freiheit« nachts umgeht und zum Handeln mahnt: »Sei mir ein Rächer, zieh dein Schwert! / Man hat mir Gift ins Ohr geträufelt!« Dem deutschen Philosophen Friedrich Nietzsche (1844–1900) zufolge hat Hamlet erkannt, dass Natur und Weltgeschichte von einer solchen Sinnlosigkeit seien, dass nur noch der Ekel möglich ist.[5]

Auch im 20. Jahrhundert ist Hamlet noch aktuell. In Alfred Döblins Roman *Hamlet oder Die lange Nacht nimmt ein Ende* (1956) zum Beispiel wird die Suche nach dem Verbrechen der Eltern mit dem Heimkehrerschicksal verknüpft.

schöpferisches Genie: **creative genius**
schwach: **weak**
delikat: **delicate**
politische Untätigkeit: **political inactivity**
bemerkenswert: **remarkable**
allegorisch: **allegorical**
Heimkehrerschicksal: **the fate of the returned soldier**

Der Dramatiker Heiner Müller (1929–1995) beschäftigte sich besonders intensiv mit *Hamlet*. Hamlet steht dabei unter anderem für das Versagen des Intellektuellen in bestimmten historischen Phasen.

Verfilmungen

Hamlet ist oft verfilmt worden – schon 1900 wurde eine fünfminütige französische Verfilmung gedreht – und es lohnt sich, die verschiedenen Filme miteinander zu vergleichen, denn jede Verfilmung ist zugleich eine Interpretation. Der berühmte Film mit Laurence Olivier aus dem Jahr 1948 ist besonders empfehlenswert. Im Mittelpunkt steht die Einsamkeit und Entschlussunfähigkeit des Prinzen und dessen Beziehung zur Mutter. Die Fortinbras-Handlung wird jedoch völlig ausgespart, und auch sonst werden einige Themen vereinfacht (so schon durch die Ansage zu Beginn des Films: »This is the tragedy of a man who could not make up his mind«). Die ausgezeichnete Verfilmung des russischen Regisseurs Grigori Kosinzew aus dem Jahr 1964 betont den konfliktreichen Gegensatz zwischen Hamlets gebildeter, aufgeklärter Seite und dem korrupten Hofleben. Die Burg Elsingör ähnelt eher einem Gefängnis als einer Burganlage. Ebenso empfehlenswert ist die ungekürzte BBC-Fernseh-

Versagen: **failure**
etw. verfilmen: **to film s.th.**
empfehlenswert: **recommended**
etw. aussparen: **to omit / to leave out s.th.**
etw. vereinfachen: **to simplify s.th.**
aufgeklärt: **enlightened**
einer Sache ähneln: **to resemble s.th.**
Gefängnis: **prison**
ungekürzt: **unabridged**

version aus dem Jahre 1980, mit Derek Jacobi in der Hauptrolle. Hier glänzt Patrick Stewart, der durch die Star-Trek-Filme berühmt geworden ist, in der Rolle des Claudius. Franco Zeffirellis Verfilmung mit Mel Gibson (1990) streicht fast siebzig Prozent des Gesamttextes und betont die Handlung auf Kosten der psychologischen Komplexität der Titelfigur. Eine Aufsehen erregende Verfilmung mit Kenneth Branagh in der Hauptrolle kam 1996 in die Kinos. Hier wurden auch die kleinen Rollen von Hollywood-Größen besetzt. Derek Jacobi, der 1980 den Prinzen gespielt hatte, übernimmt in dieser Verfilmung die Rolle des Claudius. Die neueste Verfilmung aus dem Jahr 2000 spielt nicht in Dänemark, sondern versetzt die Handlung in unsere Zeit nach New York: Dort ist Hamlet der verstörte Erbe einer »Danmark Corporation«.

etw. streichen: **to cut s.th.**

9. Checklist: Revision for Term Papers & Finals

1./2. Coming to grips with the contents

1.1. How did Hamlet's story become popular in 16th century England?
2.1. Write a short summary of the plot.
2.2. Describe the political situation in Denmark at the beginning of the play.

3. The Characters in the Play

3.1. Compare the female characters in the play.
3.2. What role do Laertes and Fortinbras play in *Hamlet*?
3.3. Compare the characters of Hamlet and Claudius.

4. The Structure of the Play

4.1. Where is the climax in *Hamlet*?
4.2. Discuss the two ways of looking at the structure of *Hamlet.*

5. Looking at the Language

5.1. In what ways do Hamlet's soliloquies differ from one another?
5.2. How does Hamlet use language to make the other figures think he is mad?

5.3. How does Shakespeare use metaphors?
5.4. Examine Claudius' first speech (I,2,1–39) and describe his use of language.
5.5. Where can examples of artificial rhetoric be found in *Hamlet*?

6. Interpretation: Understanding the Play

6.1. Why does Hamlet delay?
6.2. Is Claudius a good king? Give examples.
6.3. »There is a little bit of Hamlet in all of us.« What do you think this statement means?
6.4. »Hamlet is a coward.« Do you agree?

7. The Author and his Time

7.1. Write a short summary of Shakespeare's life.
7.2. What do we know about Shakespeare's personality?

8. The Reception of *Hamlet* by the Public

Why has *Hamlet* been such a successful and popular play? Give two reasons.

9. Creative Writing

9.1. Hamlet is dead and meets his father's ghost. Write a short dialogue.
9.2. Write a short monologue for Ophelia shortly before she dies.
9.3. Reading *Hamlet* makes you a better person. Discuss.

10. Lektüretipps

Textausgaben

William Shakespeare: Hamlet. Hrsg. von Holger M. Klein. Stuttgart: Reclam, 1993 [u. ö.]. (Universal-Bibliothek. 9292.) – *Nach dieser Ausgabe wird zitiert.*

– Hamlet. Englisch/Deutsch. Übers. und hrsg. von Holger M. Klein. Stuttgart: Reclam, 1984 [u. ö.]. (Universal-Bibliothek. 8243.)

– Hamlet. Hrsg. von Harold Jenkins. London: Methuen, 1982. (The Arden Shakespeare.)

Sekundärliteratur

Dobson, Michael und Stanley Wells (Hrsg.): The Oxford Companion to Shakespeare. Oxford 2001.

Höfle, Andreas: William Shakespeare: Hamlet. In: Interpretationen: Shakespeares Dramen. Stuttgart 2000. (Reclams Universal-Bibliothek. 17513.) S. 238–272.

Klein, Holger M.: William Shakespeare: Hamlet. Kommentar. (Reclams Universal-Bibliothek. 8244.)

Poppe, Reiner: Literaturwissen: William Shakespeare. Stuttgart 2002. (Reclams Universal-Bibliothek. 15224.)

Rudnick, Hans H.: Erläuterungen und Dokumente: William Shakespeare: Hamlet. Stuttgart 2001. (Reclams Universal-Bibliothek. 8116.)

Schabert, Ina (Hrsg.): Shakespeare-Handbuch. Die Zeit – Der Mensch – Das Werk – Die Nachwelt. Stuttgart 1972.

Anmerkungen

1 Die Quellen sind abgedruckt in: Hans H. Rudnick, *Erläuterungen und Dokumente: William Shakespeare: Hamlet*, Stuttgart 2001 (Reclams Universal-Bibliothek, 8116), S. 100–142.
2 Vgl. hierzu: Stanley Wells, *Shakespeare and Co.: Christopher Marlowe, Thomas Dekker, Ben Johnson, Thomas Middleton, John Fletcher and the other players in his Story*, London 2006.
3 Sigmund Freud, *Studienausgabe*, hrsg. von Alexander Mitscherlich, Frankfurt a. M. 1969–75, Bd. II, S. 269.
4 Vgl. Johann Wolfgang Goethe, *Wilhelm Meisters Lehrjahre*, 4.–5. Buch. Auch schon in *Wilhelm Meisters theatralische Sendung* (6., 7.–10. Buch) ist *Hamlet* wiederkehrender Gesprächsgegenstand.
5 Vgl. Friedrich Nietzsche, *Die Geburt der Tragödie aus dem Geist der Musik*, in: F. N., *Sämtliche Werke*, hrsg. von Georgio Colli und Mazzino Montinari, München 1980, Bd. I, S. 56 f.

Raum für Notizen